Carlos Urban
**Warum gute Leute Freimaurer werden sollen.
Und wie.**

Carlos Urban
Warum gute Leute Freimaurer werden sollen.
Und wie.

Allen, die guten Willens sind.

»Unbeirrt vom Lärm der Welt geht der Maurer seinen Weg, ruhig und sicher, furchtlos in Gefahren, hohe Ziele vor Augen.«

Aus dem Aufnahmeritual der Großloge A.F.u.A.M.v.D.

ISBN 9783735792433
© 2014 Carlos Urban, Hoya
Herstellung und Verlag:
BoD - Books on Demand, Norderstedt
Satz und Gestaltung: Concepte & Ideen, Hoya
Alle Rechte, insbesondere das Recht der Vervielfältigung und Verbreitung sowie der Übersetzung vorbehalten. Kein Teil des Werks darf in irgendeiner Form ohne schriftliche Genehmigung reproduziert oder unter Verwendung elektronischer Medien verarbeitet, vervielfältigt oder verbreitet werden.

Vorweg.	9
Humanistisch oder Humanitär?	14
Gedanken zur Geschichte	15
Lehrarten in Deutschland	23
Humanistische Freimaurerei	23
Christliche Freimaurerei	24
Warum wir Freimaurer brauchen	27
Aus der Geschichte lernen	29
Freimaurerei muss gehört werden	31
Schranken überwinden und Brücken bauen	32
Zum Wesen der Freimaurerei	33
Ein Geheimbund?	33
Ein Klüngel erfolgreicher Männer?	36
Ethischer Bund	36
Initiationsgemeinschaft	37
Rituale	38
Symbole und Sprache	40
Freundschaftsbund	42
Keine Politik, keine Religion	42
Organisatorischer Aufbau	44
Missverständliche Begriffe	45
Innenleben der Logen	47
Das Begegnen auf der «Winkelwaage»	47
Die Treffen	48
Organisation und Hierarchie	48
Gründe für die Mitgliedschaft	51
Vermittlung von Werten	51
Netzwerke	52
Berufliche Vorteile	53
Gesprächskultur	56

- Geselligkeit 57
- Freunde finden statt Buddies 58
- Selbsterfahrung 60
- Religiosität und Spiritualität 61
- Toleranz üben 63
- Meinungsbildung 63
- Informelle Selbstbeschränkung 64
- Idealismus 65
- Weltbruderkette 65
- Humanität im täglichen Leben 66
- Innerer Friede und Ausgeglichenheit 68
- Mitverantwortung tragen 69
- Äußere Befreiung des Menschen wahren 70
- Warum ist die Freimaurerei besonders geeignet? 71
- Widersprüchliches 75
  - Regularität 76
  - Verschwörungen 78
  - Kirchen 79
- Warum Brüder Bruder wurden 81
- Was Suchende erwarten 93
- Was Logen bieten und was nicht 95
  - Rituale 96
  - Bruderschaft 97
  - Selbstwirksamkeit 97
- Rituale und Zeremonien 99
- Frauen und Freimaurerei 101
  - Frauenlogen 102
  - Gemischte Logen 102
  - Haltung der Partner(innen) 102
- Wie Sie Freimaurer werden 105

- Informieren Sie sich 106
- Kontakt zu einer Loge aufnehmen 107
- Ehrlichkeit und Wahrhaftigkeit 108
- Wer kann Freimaurer werden? 110
- Was ist eine gute Loge? 112
- Die Gästeabende 112
- Hausbesuch 115
- Kosten 115
- Bürge 116
- Der Aufnahmeantrag 117
- Gelöbnis 118
- Die Aufnahme 119
- Lehrling 120
- Geselle 121
- Meister 122
- Schwellenangst 122
- Der Zeitaufwand 123
- Austritt und Wechsel 124

Und nun? 127

Vorweg.

Dieses Buch ist ein Plädoyer für die Mitgliedschaft in einer Freimaurerloge und eine Einladung zu Selbsterkenntnis und humanistischem Wirken. Die Freimaurerei braucht «gute Leute» und, wenn Sie dazugehören, werden Sie sich wundern, wie aktuell und zeitlos Freimaurerei ist, die vielen Menschen noch als verstaubter verschrobener Mysterienbund gilt.

> «ZU HOHER VOLLKOMMENHEIT IST DER MENSCH BESTIMMT, ABER WEIT IST DER WEG, DER DORTHIN FÜHRT.»

Die Mitgliedschaft in einer Loge erfordert Ihre volle Mitarbeit, ein Leben lang; unter Umständen werden Sie in der Folge einige, manchmal grundlegende, Dinge in Ihrem Leben ändern.

Sie werden in diesem Buch nicht nur die Sonnenseiten der Freimaurerei kennenlernen, sondern ich nehme sie auch mit zu offenen Fragen, Widersprüchen und alten Zöpfen. Ich will hoffen, dass Sie sich dadurch nicht von einer Mitgliedschaft abhalten lassen, aber Sie sollen, da es sich um einen Lebensbund handelt, Ihren Entschluss bewusst getroffen haben, nicht aus einer Schwärmerei heraus.

Die Freimaurerei in Deutschland ist gut beraten, ihre Mitgliederzahl zu erhöhen. Aber sie kann nicht jeden gebrauchen. Sie braucht Menschen mit dem Willen, sich selbst zu verbessern, sich das humanistische Gedankengut zu eigen zu machen und in der Gesellschaft dafür einzustehen; sie braucht konstruktive Geister, die sich nicht selbst genügen, sondern sich und ihr Umfeld immer wieder hinterfragen, Traditionen den Ansprüchen der Zeit – nicht dem Zeitgeist – anpassen und die humanistische Freimaurerei lebendig halten.

Ich würde mich freuen, wenn dieses Buch dazu beitragen kann, Ihre Lebenshaltung zu verbessern und die Logen dynamischer zu machen, ohne die sinnvollen alten Werte und Traditionen dabei aus den Augen zu verlieren.

Ich habe mich in den vergangenen Jahren sehr viel mit der Öffentlichkeitsarbeit der Freimaurer beschäftigt, habe viele Gespräche mit Interessenten geführt, eine Vielzahl öffentlicher Vorträge gehalten, als Internetredakteur der «Großloge der Alten Freien und Agenommenen Maurer von Deutschland» eine größere Umfrage unter Interessenten (siehe Seite Zielstelle nicht gefunden!) umgesetzt und nicht zuletzt als Meister vom Stuhl einer Loge in acht Jahren Amtszeit viele Gespräche mit Gästen geführt. Die Erfahrungen und Erkenntnisse daraus fließen in dieses Buch ein.

Wichtig ist der Hinweis, dass dieses Buch sich ausschließlich auf die humanistische Freimaurerei bezieht. Es ist von besonderer Bedeutung, den Unterschied zwischen der humanistischen und der christlichen Ausrichtung zu kennen, um spätere Enttäuschungen zu vermeiden. Für mich wäre keine andere Form der Freimaurerei denkbar gewesen als die humanistische. Umgekehrt mag für manchen die christliche Freimaurerei besser geeignet sein.

Die vielen Fragen um die Freimaurerei sind nicht in kurzer Zeit zu beantworten. Dieses Buch soll sich von verschiedenen oberflächlichen Publikationen abheben, es soll viele der Fragen und Antworten bündeln und Ihnen Denkanstöße liefern.

Letztendlich müssen Sie sich irgendwann entschließen, Kontakt zu einer Loge (siehe Seite 107) aufzunehmen und um eine Einladung bitten. Dort können Sie Ihr Wissen vertiefen, Fragen stellen und die besondere Atmosphäre erleben, die in den meisten Logen herrscht. Dort beginnt Freimaurerei, alles andere ist Theorie.

Ich wünsche Ihnen viel Vergnügen, erstaunliche Erkenntnisse über sich selbst sowie tolle Erfahrungen und Bekanntschaften auf Ihrer spannenden Reise in die Freimaurerei.

Weiterlesen oder nicht?

Ich möchte Ihre Zeit nicht verschwenden. Prüfen Sie, ob Sie eine der nachfolgenden Behauptungen nach reiflicher Überlegung mit „Ja" beantworten können.

☐ Ich erwarte von einer Freimaurerloge geschäftliche und berufliche Vorteile.

☐ Ich gehe davon aus, dass ich die Netzwerke der Logen für meine gesellschaftliche Verbesserung nutzen kann.

☐ Ich habe Probleme mit mir und meiner Umwelt und hoffe, dass mir in den Logen bei der Bewältigung meiner persönlichen Schwierigkeiten geholfen wird.

☐ Ich erwarte nette Abende mit ein wenig Zerstreuung, weiter nichts.

☐ Auch wenn die Freimaurer immer das Gegenteil behaupten, so glaube ich doch, dass die Logen große mystische Geheimnisse haben, an denen ich Anteil haben möchte.

☐ Freimaurer haben gezielten Einfluss in der Welt.

- ☐ Ich bin eigentlich nur neugierig, ob die vielen Verschwörungstheorien stimmen und ich möchte wissen, wer in meiner Stadt Freimaurer ist.
- ☐ Ich glaube, dass die Logen eine spezielle religiöse Gemeinschaft sind.
- ☐ Ich glaube, dass die Freimaurer im Gegenteil religionsfeindlich sind und möchte allein deshalb Mitglied werden.
- ☐ Ich fühle mich gut, so wie ich bin und bin überzeugt, dass ich in meinem Leben alles richtig mache.
- ☐ Kann schon sein, dass ich etwas in meinem Leben verbessern möchte, aber das darf keine Mühe machen. Vorzugsweise als Schnellkurs.
- ☐ Es geht um meine Verbesserung. Mich für andere, auch Logenbrüder, einzusetzen habe ich keine Lust.
- ☐ Rituale, Zeremonien und Regeln sind völlig out.

Wenn Sie auch nur ein Mal überzeugt mit «Ja» antworten mussten, dann ist die Freimaurerei nichts für Sie. Sie können dann dieses Buch getrost beiseitelegen und sich anderen Dingen zuwenden.

Humanistisch oder Humanitär?

Im Allgemeinen liest man von der «humanitären» Freimaurerei, wenn von der vorherrschenden Form gesprochen wird, wie sie in Deutschland von der «Großloge der Alten Freien und Angenommenen Maurer von Deutschland» repräsentiert wird.

Diese Bezeichnung wurde möglicherweise gewählt, um sich von «humanistischen» Organisationen abzugrenzen, die sich stark und teilweise dogmatisch für eine säkulare Gesellschaft einsetzen.

«Humanitär» bezieht sich im heutigen Sprachgebrauch auf karitative Hilfe, die Umstände von in Not geratenen Menschen lindernd. Das machen Freimaurer zwar auch, und auch nicht wenig, aber humanitäre Dienste sind eine ihrer Sekundärleistungen.

«Humanistisch» ist eine Gruppe, wenn sie auf das Streben nach Menschlichkeit ausgerichtet ist, sich für die Würde und die Entwicklung des Menschen einsetzt. Deshalb habe ich mich entgegen der üblichen Sprachregelung für die Bezeichnung der «humanistischen» Freimaurerei entschieden in Abgrenzung zur sogenannten «christlichen Freimaurerei».

Im Grunde bedürfte es keiner besonderen Definition, da «die» Freimaurerei weltweit dem Humanismus und nicht einer Konfession verpflichtet ist.

Gedanken zur Geschichte

In der Freimaurerei gibt es eine Neigung zur Legendenbildung. Manche Geschichten klingen so schön, dass man sie wahr werden lassen möchte. So geht es uns auch mit der verbreiteten Meinung, Freimaurerei sei uralt. Manche verstiegen sich sogar zu der abenteuerlichen Legende, der biblische Adam sei der erste Freimaurer gewesen. Oder man geht so weit, die Aussage des großen Philosophen (und Freimaurers) Gotthold Ephraim Lessing «Freimaurerei war immer»[1] als Beleg dafür zu werten. Dabei meinte Lessing nichts anderes, als dass die Idee des Humanismus uralt ist.

«OFT BLENDEN EITELKEIT UND GELTUNGSBEDÜRFNIS UNSEREN BLICK UND LASSEN UNS DAS ZIEL VERFEHLEN.»

Zweifellos: Die Freimaurerei hat viele Vorläufer. Wolfgang Scherpe[2] hat in seiner Sammlung von Beiträgen eine Übersicht der Einflüsse in einer Mischung aus Landkarte und Zeittafel verdeutlicht. Unzählige Strö-

---

[1] Gotthold Ephraim Lessing, «Ernst und Falk — Gespräche für Freymäurer»
[2] Wolfgang Scherpe, «Das Unbekannte im Ritual», Eigenverlag

mungen und Einflüsse sind aufgenommen worden, ohne dass die heutige Freimaurerei eine klare Entwicklungslinie erkennen ließe.

Gleichwohl werden die griechischen Akademien, antike Kultgemeinschaften, mittelalterliche Mystiker, Alchimisten, christliche Sekten, ägyptische Priester, Mönchsorden, Tempelritter und natürlich die Dombauhütten und Handwerkszünfte wie selbstverständlich vereinnahmt. Für keine dieser Linien als direkte Vorläufer gibt es belastbare Beweise, aber ohne Frage sind aus all diesen Bereichen Einflüsse nachzuweisen.

Als die «moderne Freimaurerei» verstehen wir unseren Bund seit dem Jahre 1717, dem Gründungstag der ersten Großloge in London. Dieser Tag gilt als wichtiger Einschnitt in der maurerischen Historie, weil seitdem durch Aufzeichnungen, Protokolle und Pressemeldungen ein besserer Nachweis möglich ist.

Das Problem bei der historischen Betrachtung ist, dass bis vor einiger Zeit unsere Geschichte vorwiegend von Freimaurern aufgearbeitet wurde, die wenig wissenschaftlich geforscht, häufig genug ihre Recherchen auf ein erwünschtes Ergebnis hin gelenkt haben. Das fördert die Legendenbildung.

Seit wenigen Jahrzehnten öffnen die Großlogen ihre Archive für nichtfreimaurerische Wissenschaftler. Deren Ergebnisse zerstören manch lieb gewordene Legende; für mich aber haben die neueren Ergebnisse etwas Beruhigendes, denn sie bringen die Freimaurerei auf den Boden zurück und überhöhen sie nicht zu etwas grundsätzlich Unerreichbarem.

Ein nach meiner Einschätzung wichtiges Buch, das ich jedem Freimaurer empfehlen möchte, ist «Die Rituale der Freimaurer»[3] von Kristiane Hasselmann. Als Theaterwissenschaftlerin gilt ihr Interesse den freimaurerischen Ritualen, ihren Ursprüngen und der Wirkungsweise.

Aus verschiedenen Dokumenten lässt sich schließen, dass die frühen Steinmetz-Hütten gut organisierte diskrete Organisationen waren, deren führende Köpfe auf hohem wissenschaftlichem, philosophischem, künstlerischem und moralischem Niveau ihre Baukunst ausübten. Das machte sie für etliche Geistesgrößen interessant, und da die Bauhütten auch von deren Wissen profitieren konnten, kam es hin und wieder zu Aufnahmen von Männern, die eigentlich nicht in diese Zünfte gehört hätten.

So hätte es der verbreiteten Legende nach, nach der sich aus diesen «operativen» Steinmetzhütten die «spekulativen» Freimaurerlogen entwickelt hätten,

---

[3] Kristiane Hasselmann, «Die Rituale der Freimaurer. Zur Konstitution eines bürgerlichen Habitus im England des 18. Jahrhunderts», transcript-Verlag

weitergehen müssen. Aber dann wäre die Entwicklung sehr langsam gegangen und die Logen ein sehr kleiner, exklusiver Zirkel geblieben. Die Logen haben sich zu Beginn des 18. Jahrhunderts jedoch sehr lebendig, geradezu explosionsartig entwickelt. Es muss also 1717 eine andere Entwicklung manifestiert worden sein, die insbesondere in den ersten hundert Jahren zu einer unglaublich dynamischen Vermehrung der Logen geführt hat – rund um den Globus.

Kristiane Hasselmann spricht von einer *Commercial Society* und führt aus: «*Die Wandlung der Zunftgemeinschaft der Steinmetzen seit den achtziger Jahren des 17. Jahrhunderts in einen Zusammenschluss von Gentlemen, die als Geschäftsleute eigene distinktiv bürgerliche Werte und Haltungen äußern und gesellschaftlich durchzusetzen beabsichtigen, ist eng mit den einschneidenden sozioökonomischen Umbrüchen in England und dem Wandel von einer postfeudalen, agrarisch geprägten Nation in eine preindustrielle, von frühkapitalistischen Marktverhältnissen geprägte Gesellschaft verbunden.*»[4]

Und weiter:

«*Die Society of Freemasons versteht sich als eine [...] ausgleichende Instanz und behauptet sich als geschlossene Wertegemeinschaft, die sich zugleich als notwendi-*

---

[4] Kristiane Hasselmann, «Die Rituale der Freimaurer», Seite 87

ges Komplement zur sich herausbildenden modernen Gesellschaft begreift. [...] In diesem Sinne versteht sich die Bruderschaft der Freimaurer als ein durchaus notwendiges Komplement, da ihr eine Gesellschaft auf der Grundlage eines vitalen Egoismus auf lange Sicht nicht überlebensfähig erscheint»[5]

Was für eine erfrischend zeitlose Sichtweise angesichts unserer aktuellen wirtschaftlichen und gesellschaftlichen Probleme.

Auch Hans-Hermann Höhmann, einer der wichtigen freimaurerischen Forscher, argumentiert entsprechend: «*Die Freimaurerei erwies sich dabei offensichtlich als eine besonders attraktive Form neuer gesellschaftlicher Einbindung. Dies resultierte ebenso aus der breiten Nutzbarkeit der Freimaurerei für die Befriedigung vieler sozialer, weltanschaulicher, religiöser und politischer Prozesse wie aus der Möglichkeit, die Logen und Logensysteme durch Veränderungen weiterzuentwickeln und an konkrete Bedürfnisse anzupassen.*»[6]

An anderer Stelle zählt er auf, welche Funktionen der Freimaurerei zu ihrem raschen Durchbruch verhalfen:

---

[5] ebd., Seiten 88, 89
[6] Hans-Hermann Höhmann, Jahrbuch Quatuor Coronati 2012, S. 136

1. «Die soziale Funktion, Menschen über Standesgrenzen hinweg als ‹bloße Menschen› (Lessing), als Mitmenschen, als Menschenbrüder zusammenzuführen und ihnen neue gesellschaftliche Netzwerke, neue Geltungs- und Selbstverwirklichungsmöglichkeiten, auch Chancen für eine eindrucksvolle Selbsterhöhung durch Grade und Orden sowie neue Formen von Geselligkeit und Unterhaltung anzubieten;
2. die religiös-spirituelle Funktion, Menschen durch ein neues, aber auf alten Wurzeln beruhendes Symbolsystem eine optimistisch-positive Einstellung zu sich selbst, zum Kosmos und zur Transzendenz zu vermitteln und die im 18. Jahrhundert weit verbreitete Unzufriedenheit mit dem etablierten Kirchentum zu kompensieren, weshalb die Kirchen bald die religiöse Konkurrenz spürten und mit Verurteilungen der Freimaurerei reagierten;
3. die ideell-geistesgeschichtliche Funktion, Menschen dazu aufzufordern, die eigene Vernunft zu nutzen, sich am autonomen Gewissen zu orientieren und im Sinne eines ‹nichts geht über das laut denken mit dem Freunde› (Lessing) den Diskurs über die Ideen der Aufklärung zu führen;
4. die politische Funktion, Menschen in den Logen der absolutistisch verfassten Gesellschaft einen unabhängigen ‹moralischen Innenraum› (Reinhard Ko-

selleck) zu bieten, in dem im Vorgriff auf die kommenden bürgerlichen Revolutionen das ‹Geheimnis der Freiheit› als ‹Freiheit im Geheimen› erlebt werden konnte.»[7]

Es gab in dieser Phase des gesellschaftlichen Auf- und Umbruchs eine Reihe vergleichbarer Organisationen mit beachtlichen Anhängerzahlen. Überlebt haben im Wesentlichen jedoch nur die Freimaurer, was die Autorin Kristiane Hasselmann insbesondere dem Vorhandensein eines Rituals und einer umfassenden Symbolik zuschreibt.

Den modernen Freimaurern kommt das Verdienst zu, (Mit-) Begründer einer demokratischen und sozialen Gesellschaft zu sein. Freimaurerei hat es nicht nötig, sich mit illustren und möglichst mysteriösen vermeintlichen Vorläufern zu schmücken. Was die Freimaurerei erreicht hat und festigt, ist ehrenwert genug.

Aus dieser Geschichte heraus ergibt sich ein klarer Auftrag an uns Nachfolgenden, den Weg der Selbsterkenntnis und Selbsterziehung zum eigenen Wohl und vor allen Dingen zum Gemeinwohl fortzuführen. Dies auch nur in überschaubaren Schritten zu tun ist zweifellos bedeutsamer, als sich mit Mythen zu

---

[7] Höhmann, Hans-Hermann, Vortrag auf der 44. Arbeitstagung der Freimaurerischen Forschungsgesellschaft «Quatuor Coronati» in Hannover im Oktober 2013

schmücken, was ohnehin eher peinlich ist, wenn man nicht einmal ansatzweise an die Vorbilder aus den Legenden heranreichen kann.

Lehrarten in Deutschland

In Deutschland gibt es fünf kooperierende (reguläre) Großlogen mit teilweise unterschiedlichen Auslegungen der Freimaurerei. Im Wesentlichen existieren zwei unterschiedliche Systeme, die humanistische und die christliche Freimaurerei. Diese Bezeichnungen haben sich im Laufe der Zeit verfestigt, auch wenn sie nicht ganz richtig sind, die Grenzen verwischen zuweilen. Zwei der Großlogen sind der christlichen Richtung zuzuordnen, drei der humanistischen. Frauenlogen und gemischte Vereinigungen zählen sich nach meiner Kenntnis ebenfalls zur humanistischen Richtung.

> «WEISHEIT, STÄRKE UND SCHÖNHEIT SIND DIE DREI SÄULEN, AUF DENEN DIE LOGE RUHT.»

Humanistische Freimaurerei

Rund 95 Prozent weltweit sind der humanistischen Freimaurerei zuzuordnen. Sie ist den Religionen und Weltanschauungen gegenüber neutral. Sie nimmt Menschen aus allen Konfessionen und in der Praxis auch Konfessionslose auf.

Generell wird in den humanistischen Logen nicht nach der weltanschaulichen Ausrichtung gefragt.

Die humanistischen Logen «*nehmen in ihre Bruderschaft ohne Ansehen des religiösen Bekenntnisses, der Rasse, der Staatsangehörigkeit, der politischen Überzeugung und des Standes freie Männer von gutem Ruf als ordentliche Mitglieder auf, wenn sie sich verpflichten, für die Ziele der Freimaurerei an sich selbst zu arbeiten und in den Gemeinschaften, in denen sie leben, zu wirken.*»[8]

Die «Großloge der Alten Freien und Angenommenen Maurer von Deutschland» ist mit rund 10000 Mitgliedern in rund 270 Logen die größte und lebendigste Großloge in Deutschland — und zurzeit die einzige mit einem nennenswerten Mitgliederzuwachs.

Christliche Freimaurerei

Die christliche Freimaurerei, insbesondere vertreten durch die «Große Landesloge der Freimaurer von Deutschland», ist international mit einer Verbreitung von 2,5 Prozent eigentlich nicht erwähnenswert und vorwiegend in Skandinavien und in Deutschland aktiv. Sie stellen in Deutschland allerdings rund 20 Prozent der Freimaurerei und müssen daher erwähnt werden.

---

[8] Verfassung der Großloge A.F.u.A.M.v.D., Teil I, Artikel 4

«*Der eindeutig auf Jesus Christus, den ‹Obermeister› des christlichen Freimaurerordens, bezogene, stark religiöse Charakter dieser Spielart der Freimaurerei kommt nicht zuletzt in der unmissverständlichen Aufgipfelung zum Ausdruck, dass das Blut der Ordensbrüder im Ritual symbolisch mit dem für den Menschen vergossenen Blut des ‹Obermeisters› vereinigt wird. Diese Symbolhandlung gilt als Zeichen des Auftrags, ‹ihm nachzufolgen im Glauben, in der Hoffnung und in der Liebe›*»[9]

Viele Freimaurer, auch ich, halten diese explizit christliche Ausrichtung für problematisch, zumal es ohne eine namentliche Abgrenzung zu problematischen Verwechslungen in der öffentlichen Wahrnehmung kommt. Der religiöse Toleranzgedanke und humanistisches Wirken sind wesentlich für die Prinzipien unseres Bundes, der die Feindschaften und Widersprüche der Weltreligionen überwinden will und dies schon 1723 in den «Alten Pflichten»[10] definierte. Die Leitung des Freimaurerordens sieht dies anders:

---

[9] Höhmann, Hans-Hermann, Vortrag auf der 44. Arbeitstagung der Freimaurerischen Forschungsgesellschaft «Quatuor Coronati» in Hannover im Oktober 2013

[10] »[...] heute jedoch hält man es für ratsamer, sie [die Maurer] nur zu der Religion zu verpflichten, in der alle Menschen übereinstimmen, und jedem seine besonderen Überzeugungen selbst zu überlassen». Die «Alten Pflichten», Teilstück I «Von Gott und der Religion».

«*Die allgemeine Völkerverbrüderung mit Duldung religiöser Freizügigkeit ist ein edler Gedanke, eine Sinnstiftung ist er nicht. Freimaurerei ist seit ihrer Entstehung in ihrem geistigen Wesen deutscher Herkunft, geprägt nach englischer Form. Sie ist im tiefen Grund eine christliche Einrichtung, in der sich Christen verschiedener Bekenntnisse in ihrer Lebens- und Glaubensauffassung bestätigen. [...] Bestrebungen für eine begrifflich nie allgemein gültig gefasste ‹Humanität›, worunter jeder denken kann, was ihm beliebt, werden von der Großen Landesloge der Freimaurer von Deutschland abgelehnt.*»[11]

Insbesondere in den höheren Graden entwickelt sich die Ordensmaurerei zu einer derart stark christlich und in der Tradition des Templerordens dogmatisch verhafteten, teilweise martialischen Form, dass es bei näherer Betrachtung schwerfällt, den der Freimaurerei innewohnenden Brückenschlag zwischen den Religionen und Weltanschauungen zu erkennen.

---

[11] Klauss, Joachim, Ordensmeister der Großen Landesloge; Zirkelkorrespondenz, 141. Jahrgang, Februar 2013

Warum wir Freimaurer brauchen

Und vor allen Dingen: mehr davon!

Logen haben einen hohen Anspruch und sind als humanistisches Gewissen der Gesellschaft notwendig. Unter den Menschen, die sich für Demokratie und Menschenrechte, Frieden und Völkerverständigung eingesetzt haben, waren und sind viele Freimaurer. Nach wie vor bemühen sich auch bei uns viele Menschen in Logen, in diesem Sinne zu wirken.

> «DIE BINDE VOR IHREN AUGEN IST EIN SINNBILD DER LEIDENSCHAFT, DES VORURTEILS UND DER UNWISSENHEIT.»

Es geht nicht um den gezielten Einfluss der Freimaurerei, den sie in einer organisierten Form nie gehabt hat. Sie hat durch ihre Gedanken und Handeln der einzelnen Mitglieder durchaus ihren Beitrag zu einer lebenswerten modernen Gesellschaft geleistet.

Um wirklich gehört zu werden und nachhaltig zu wirken, sind sie aber seit dem Verbot und der Verfolgung durch die Nationalsozialisten zu sehr geschrumpft, um heute eine ausreichend starke Rolle zu spielen. Auch wenn die Zahl der deutschen Freimaurer dank der zunehmenden öffentlichen Präsenz zunimmt: es müssen noch weit mehr gute Leute hinzukommen, damit die Logen in die Lage versetzt werden, für die Fragen einer sich ändernden Gesellschaft an den Antworten zu arbeiten.

Viele Menschen vermissen Werte, Orientierung, Ruhepole, persönliche Entwicklung, Bindung, Rückhalt. Logen haben aufgrund ihrer Struktur eines Freundschaftsbundes diese Anforderungen erfüllt und sind für viele Mitglieder ein Korrektiv in einem sonst ruhelosen Alltag. Gerade in Zeiten, in denen allerorten das Private geopfert wird, sind vertrauliche Rückzugsräume wie in den Logen von besonderer Bedeutung.

Der Anspruch der Selbst- und Selbstverbesserung ist ein ungeschriebener Bildungsauftrag der Freimaurer. Schon immer kam den Logen die bedeutsame Aufgabe zu, ihre Mitglieder zu erziehen: zur Selbstachtung, zur Achtung des Nächsten, zur Toleranz, zur Reflexion des eigenen Handelns, ebenso zu gutem zwischenmenschlichen Umgang, mehr Selbstsicherheit und Ausschöpfung der persönlichen Möglichkeiten.

Viele Logen sind kulturell sehr rege. In ihren Häusern veranstalten sie Konzerte, Lesungen, Theater, Diskussionsabende oder lockere Treffen mit Gästen. Auch in diesem Bereich sind sie für die Gesellschaft tätig. Nur: Sie müssen sich an den hohen Ansprüchen messen lassen, die an sie gestellt werden, und das in oftmals zu großen Logenhäusern, Erblasten aus besseren Zeiten. Sie tragen gewissermaßen viel zu große Anzüge. Die Logen brauchen mehr «gute Leute», um ihren vielfältigen Aufgaben nachzukommen.

Die Freimaurer reden über ihre karitativen Leistungen kaum, sie bewerben ihre Hilfsaktionen selten, beispielsweise durch öffentliche Scheckübergaben; sie handeln einfach. Das entspricht dem Selbstverständnis der Freimaurer, täuscht aber gerne darüber hinweg, dass sie hier viel leisten: als Einzelpersonen, als Logen, als Großloge und über das «Freimaurerische Hilfswerk». Mehr Mitglieder bedeutet auch: mehr Potenzial, um die sozialen Missstände zumindest zu mildern.

Aus der Geschichte lernen

«*Historische Erinnerung, weltanschauliche Neuorientierung und gesellschaftlicher Wandel*» nennt Hans-Hermann Höhmann als wichtige Gründe für das Aufkeimen und Gelingen der modernen Freimaurerei.

Heute erleben wir in unserer Gesellschaft ähnliche Brüche und Umbrüche wie in der Zeit des ausgehenden 17. und beginnenden 18. Jahrhunderts, in der unter anderem die Freimaurerei Antworten auf die Fragen der Gesellschaft suchte. Einige Probleme haben wir überwunden, in andere fallen wir zurück, ganz neue sind hinzugekommen. Der Umbruch der digitalen Gesellschaft ist erst am Anfang; die wachsende Kluft zwischen Arm und Reich und damit ein Rückfall in eine Ständeordnung, deren Zugehörigkeit vom Geld bestimmt wird, Globalisierung und damit einhergehende ökonomische und besonders ökologische Widersprüche, ethische Problemstellungen durch wissenschaftliche Erkenntnisse und viele andere Fragen mehr erfordern Antworten, neue Antworten.

Der Freimaurerei ist es schon einmal gelungen, zumindest einen Beitrag zu umwälzenden gesellschaftlichen Veränderungen zu leisten, in den Rückzugsräumen der Logen, durch grundlegende ethische Prinzipien und ihre kontemplative Methodik. Sie ist aber, was die Anwendung ihrer Werkzeuge über die reine Klubkultur hinausgeht, etwas aus der Übung gekommen. Ungeachtet dessen steht ihr der Reichtum der Möglichkeiten nach wie vor zur Verfügung, der durch handlungsfähige und -willige Mitglieder genutzt werden kann und genutzt werden muss.

Menschen, die in dieses Bild passen, gibt es innerhalb und außerhalb der Freimaurerei reichlich. Aber sie müssen mehr werden, sich organisieren und sie müssen die Möglichkeiten nutzen, die das Gerüst der Freimaurerei ihnen anbietet, um in kleinen wie in großen Kreisen Lösungen für brennende Probleme zu finden.

«Unsere Welt ist nur noch ein Schatten ihrer selbst. [...] Sie muss so schnell wie möglich in eine Welt überführt werden, die gerecht ist, in der alle gleich sind und jeder frei ist.»[12]

Freimaurerei muss gehört werden

Grundsätzlich nimmt die Freimaurerei keine Stellung in politischen oder religiösen Fragen.

Anders sieht es für den einzelnen Freimaurer aus. Er wird ausdrücklich dazu ermuntert — es besteht sogar die Verpflichtung[13] —, dass der Einzelne die humanistischen Werte der Freimaurerei in seinem Wirkungskreis lebt. Das schließt ein, die Werte auch in Organisationen außerhalb der Freimaurerei umzusetzen und entsprechenden Einfluss zu nehmen.

«Toleranz, Gerechtigkeit und Frieden sind zentrale Orientierungen freimaurerischer Verantwortung, oder anders formuliert: Wo Toleranz, Gerechtigkeit und Frieden in Frage gestellt sind, müssen gesellschaftliche Probleme zu Herausforderungen für freimaurerisches Handeln werden.»[14]

---

[12] Stéphane Hessel, «Engagiert euch!», Ullstein Streitschrift, S. 29
[13] »[...] verpflichten, [...] an sich selbst zu arbeiten und in den Gemeinschaften, in denen sie leben, zu wirken.» Satzung der Großloge A.F.u.A.M.v.D., Teil I, Artikel 4
[14] Hans-Hermann Höhmann, Quatuor Coronati Jahrbuch für Freimaurerforschung 49/2012, S. 131

Schranken überwinden und Brücken bauen

Mir wurde oft die Frage gestellt, welche Daseinsberechtigung die Freimaurerei noch habe, wenn die großen Aufgaben – Demokratie, pluralistische Gesellschaft, Gleichberechtigung, soziale Gerechtigkeit – doch im Wesentlichen erreicht seien.

Ich bezweifle, dass man sich bei diesen Aufgabenstellungen jemals ausruhen kann. Wie wir in vielen Bereichen sehen, muss das Erreichte immer wieder verteidigt werden, um den Status zu halten und die Situation weiter zu verbessern.

Wir sind uns sicher einig, dass selbst in Deutschland Nachbesserungsbedarf herrscht. Für viele andere Länder gelten die erreichten Ziele aber noch lange nicht und nicht selten sind wir Europäer an den Ursachen der Not beteiligt, können aber durch bewusstes Handeln auch im Kleinen wirken. Hinzu kommen ganz neue Herausforderungen im politischen, technischen und auch zwischenmenschlichen Bereich, die gelöst werden müssen.

Da die Freimaurerei als Organisation ihrem Verständnis entsprechend keine Stimme hat bzw. sie nicht wahrnehmen kann und will, braucht sie viele Einzelstimmen ihrer Mitglieder, um die Grundwerte in der Gesellschaft zu verankern. Je mehr, um so besser.

Zum Wesen der Freimaurerei

«*In den Mitgliedslogen der Großloge arbeiten Freimaurer, die in bruderschaftlichen Formen und durch überkommene rituelle Handlungen menschliche Vervollkommnung erstreben.*

In Achtung vor der Würde jedes Menschen treten sie ein für die freie Entfaltung der Persönlichkeit und für Brüderlichkeit, Toleranz und Hilfsbereitschaft und Erziehung hierzu.

«IN UNSEREM KREIS SIND ALLE GLEICH, SIND ALLE BRÜDER. HIER GILT NUR DAS ANSEHEN, DAS DER MENSCH SICH DURCH SEINE LEBENSHALTUNG ERWORBEN HAT.»

Glaubens-, Gewissens- und Denkfreiheit sind den Freimaurern höchstes Gut. Freie Meinungsäußerung im Rahmen der Freimaurerischen Ordnung ist Voraussetzung freimaurerischer Arbeit.»[15]

Ein Geheimbund?

Bestimmt nicht. Suchen Sie im Internet nach «Freimaurerei» und Sie werden Unmengen von Informatio-

---

[15] Verfassung der Großloge der Alten Freien und Angenommenen Maurer von Deutschland, «Die freimaurerischen Grundsätze», Artikel 2

nen finden. Oder suchen Sie nach Büchern: allein der Internethändler Amazon listet für den deutschsprachigen Raum annähernd 2.000 Titel auf, hinzu kommen Tausende von eher wissenschaftlich interessanten Büchern, von den historischen Titeln ganz zu schweigen.

Die «Großloge der Alten Freien und Angenommenen Maurer von Deutschland» hat einen eigenen informativen Internetauftritt[16], fast jede Loge hat eine eigene Internetseite, die Gebäude sind in der Regel als solche kenntlich, die Logen finden sich mit Namen und Adressen der Vorstände in Vereinsregistern, ihre Ziele und Satzungen sind bekannt, in den Telefonbüchern sind viele Logen verzeichnet, häufig führen die Logen öffentlich angekündigte Veranstaltungen durch, die jedermann besuchen kann, Tage der offenen Tür werden durchgeführt.

Warum, bitte schön, hält sich dennoch hartnäckig das Gerücht, Logen seien ein Geheimbund?

Weil Gerüchte gerne von Verschwörungstheoretikern und Gegnern geschürt werden und weil es für Massenmedien einfach spannender ist, von einem Geheimbund zu sprechen.

Zutreffend ist, dass Logen diskret sind. Sie sprechen nicht über ihre (lebenden) Mitglieder, nicht darüber,

---

[16] www.freimaurerei.de

was in ihren Räumen besprochen wird und sie reden nicht über ihre Rituale. Dafür gibt es mehrere Gründe.

Einer ist, dass für einen erklärten Freundschaftsbund Verschwiegenheit zu den wichtigen Tugenden gehört. Oder möchten Sie Freundschaft mit jemandem schließen, dem Sie nicht vertrauen können, der vertrauliche Gespräche hinausplaudert?

Ein weiterer Grund ist, dass man die Rituale der Freimaurer nur sehr schwer erklären kann. Um sie zu verstehen, muss man sie erleben. Stellen Sie sich vor, Sie sollten jemandem ein Musikstück *erklären*, das Sie berührt und womöglich Ihr Leben beeinflusst. «*Wovon man nicht sprechen kann, darüber muss man schweigen*»[17], gilt auch hier.

Nicht vergessen werden darf, dass Freimaurer im Laufe ihrer nun fast dreihundertjährigen Geschichte immer wieder verboten und verfolgt wurden. Immer wieder gibt es, selbst in Europa, Versuche von Nachstellungen und nach wie vor gibt es Länder, in denen die Mitgliedschaft in einer Loge unter Strafe steht. Prinzipiell kann dies überall geschehen, wenn sich Staatsformen verändern. Deshalb pflegen die Freimaurer aus gutem Grund und nach wie vor ihre vertraulichen Formen.

---

[17] Schlusssatz aus «Tractatus», Ludwig Wittgenstein

Ein Klüngel erfolgreicher Männer?

Das mag für das 19. Jahrhundert und das erste Drittel des 20. Jahrhunderts in Deutschland gegolten haben, als es für das mittlere und gehobene Bürgertum zum guten Ton gehörte, einer Loge anzugehören. Zu dieser Zeit erfüllten die Logen leidvollerweise auch die Funktion, die heute Service- und Businessklubs erfüllen. Das heißt: in den Logen knüpfte man gesellschaftliche wie geschäftliche Kontakte und beförderte seine Karriere. Der eigentliche Auftrag der Freimaurerei trat nach meiner Einschätzung in den Hintergrund. Logen wurden zum gepflegten Herrenclub.

Heute ist es so, dass die Mitglieder der Logen aus allen Schichten kommen. Allerdings ist der Bildungsstandard der Logenmitglieder deutlich über dem Durchschnitt, woraus sich ableiten lässt, dass schon deswegen etliche Mitglieder mindestens zum Bildungsbürgertum gehören.

Unabhängig davon glaube ich, dass die Freimaurerei dazu beitragen kann, gute Leute besser zu machen. Mehr dazu auf Seite 53.

Ethischer Bund

Die Freimaurerei ist ein ethisch orientierter Bund. Wie auch in religiösen Fragen gibt sie jedoch kein philosophisches oder ethisches Modell vor, sondern überlässt jedem Mitglied seine Überzeugungen. Die ethischen Grundwerte «Freiheit, Gleichheit, Brüderlichkeit, Toleranz und Humanität» sollen jedoch Maßstab allen Handelns sein. Das «Gute tun» ist für Freimaurer Prinzip, nicht im ausschließlich karitativen Sinne, sondern im Sinne des «Kant'schen Imperativs»[18].

Initiationsgemeinschaft

Was die Freimaurerei unter allen vielleicht ähnlichen Vereinigungen neben etlichen anderen Unterschieden wohl einzigartig macht, ist der Umstand, dass eine Aufnahme und die weiteren Erkenntnisstufen nur durch eine gemeinsame Initiationshandlung zu erreichen sind. Dabei werden dem neuen Mitglied in feierlichem Rahmen die wichtigsten Inhalte und Regeln der Freimaurerei mitgeteilt und zahlreiche Denkanstöße gegeben. Vor allen Dingen wird damit der Charakter des Engbundes bestätigt, die sprichwörtliche «verschworene Gemeinschaft» neu gebildet, was eine wichtige Grundlage für das Anliegen des Freundschaftsbundes darstellt.

---

[18] Immanuel Kant, 1724 bis 1804, deutscher Philosoph der Aufklärung; «Handle nur nach derjenigen Maxime, durch die du zugleich wollen kannst, dass sie ein allgemeines Gesetz werde.»

Rituale

Gerade die Rituale der Freimaurer sind Anlass für viele Spekulationen und Vorbehalte, und gerade über den Gegenstand, der Mittelpunkt der Neugierde ist, wollen und sollen Freimaurer nicht sprechen. Dabei gehören die Rituale eindeutig zu den Alleinstellungsmerkmalen, die den Bruderbund von allen anderen Organisationen unterscheiden und ihn weltweit erfolgreich und zeitlos machen.

Klaus Hammacher schreibt in seinem Aufsatz «Vom Sinn des Rituals»: «*Tatsächlich hält die Maurerei damit etwas aufrecht, was in unserer abendländisch-europäischen Kultur sonst bis vor kurzem fast völlig in Vergessenheit geraten war: dass nämlich eine ethische Haltung nicht durch Einsicht in ihre Grundsätze verwirklicht wird, und dass deshalb richtige Grundsätze ihre Verwirklichung nicht durch irgendwelche Mittel (heute sagt man Strategien) erreichen können, sondern durch Einübung und immer wiederholte Arbeit an sich selbst.*»[19]

Kristiane Hasselmann bezeichnet die «*hermetischen Innenräume als eine eigene abgeschlossene mystische Sphäre der Gemeinschafts- und Selbsterfahrung.*»[20] und

---

[19] Klaus Hammacher, «Einübungsethik», Schriftenreihe der Forschungsloge Quatuor Coronati, Nr. 45/2005, Seite 61

[20] Kristiane Hasselmann, «Die Rituale der Freimaurer», Seite 124

führt weiter aus: «*Die Rituale öffnen Immersionsräume, in denen außergewöhnliche Erfahrungen gemacht werden können.*»[21]

Das Ritual muss man sich im Wesentlichen vorstellen als eine theatralische Inszenierung, in der alle Beteiligten Zuschauer und Akteure zugleich sind. Allein die Anordnung der Plätze verdeutlicht, dass niemand hervorgehoben ist: die Bruderschaft sitzt in sogenannten Kolonnen, links und rechts der Längsachse des Raumes, während die Hauptakteure die Querachsen besetzen. Dies ermöglicht ein Wechselspiel der Blicke, der Selbst- und Fremdprüfung, aber auch eine vollständige Verfolgung und Reflexion des Geschehens, in dem alles für alle offenbar wird.

Das Ritual in Handlung, Symbolik und Sprache vermittelt wichtige Einsichten: Vertrauen, Verantwortung, Aufsicht, Kontrolle, Leben und Tod, wenn man möchte Spiritualität, bei der Aufnahme Entbehrungserfahrungen wie Blindheit, Einsamkeit, Bedrohung, Einsamkeit, aber auch Geborgenheit und die Kraft einer Gemeinschaft – in diesem Falle einer verschworenen Gemeinschaft.

Wer als Interessent und später Suchender bei einer Loge vorstellig wird, erfährt nicht viel über das Ritual.

---

[21] Kristiane Hasselmann, «Die Rituale der Freimaurer», Seite 165

Er muss als Gast einen großen Vertrauensvorschuss in die Bruderschaft entwickeln und bereit sein, sich auf diesen wesentlichen Aspekt der freimaurerischen Methodik einzulassen.

Selbst anfängliche Ritualskeptiker, die sich aus anderen Gründen für eine Mitgliedschaft in eine Loge entschieden und das Ritual mehr als «zwangsläufiges Beiwerk» gebilligt haben, sind nach meiner Kenntnis ohne Ausnahme, wenn sie die Wirkungsweise der Rituale emotional erlebt und rational verstanden haben, zu großen Freunden des freimaurerischen Rituals geworden.

Wichtig ist, dass das Ritual in den Logen in der notwendigen Qualität und Perfektion durchgeführt wird. Nicht überall ist dies der Fall. Nach meiner Erfahrung kann man durch die zwischenmenschliche Qualität der Logenzusammenkünfte auf die Qualität der Ritualarbeit und umgekehrt schließen.

Symbole und Sprache

Die «abendländische Weisheitslehre», wie man die Freimaurerei auch nennen könnte, vermittelt ihre Werte über Symbole und eine besondere Sprache voller Metaphern. Zum Beginn eines jeden Kapitels finden Sie in diesem Buch kurze Ausschnitte aus unseren Ritualen, die einen kleinen Eindruck davon vermitteln sollen.

Die Symbole stammen beinahe ausschließlich aus dem Wirkungskreis der Bauleute, haben aber bei den modernen Freimaurern eine Umdeutung erfahren. So ist aus dem «24-zölligen Maßstab», früher ein Längenmaß, ein Synonym für die «weise Einteilung der Zeit» geworden; das Winkelmaß bezieht sich nicht auf den rechten Winkel, sondern auf das «rechte Maß in den Handlungen» und der Zirkel auf das «Verhältnis zu seinen Mitmenschen». Unter anderem.

Die vielfältigen Symbole können zueinander in Beziehung gesetzt werden, ergeben neue Kombinationen, neue Möglichkeiten der Ausdeutung und Anregung.

Heute sind solche Wirkungsweisen als Heuristiken[22] bekannt und werden gezielt zur methodischen Kreativitätsfindung eingesetzt, weshalb ich die Freimaurerei gerne auch als eine «Methodik» bezeichne.

Die Sprache ist getragen, findet ihre Wurzeln in der Zeit der Aufklärung und ist der Kontemplation dienlich. Die Texte sind voller Metaphern, die sich einerseits auf die Symbole beziehen, andererseits auf unter-

---

[22] Beispielsweise zur wechselseitigen Assoziation, Übertragung von Analogien, Kombination oder Variation von Parametern, Abstraktion eines Sachverhalts oder die systematische Zerlegung von Strukturen. Siehe Helmut Schlicksupp, „Ideenfindung", Seite 60, Verlag Management Wissen

schiedlichste Religionen oder Weisheitslehren und dem teilnehmenden Bruder Raum für seine individuelle Interpretation lassen.

Freundschaftsbund

Schon im Jahre 1723 wurde durch die «Alten Pflichten» auf die Funktion des Freundschaftsbundes hingewiesen: *«So wird die Freimaurerei zu einer Stätte der Einigung und zu einem Mittel, wahre Freundschaft unter Menschen zu stiften, die einander sonst ständig fremd geblieben wären.»*[23]

Interessant ist, dass die Alten Pflichten sich auf die Verbindung von Menschen beziehen, die sich sonst nicht begegnet wären, also aus ganz unterschiedlichen Berufen und Sozialisierungen kommen, deren vordringliche Gemeinsamkeit in der Verbundenheit zu einem höheren Ziel besteht. Ganz anders also als Freundschaften im normalen Leben, die aufgrund von Zufälligkeiten entstehen.

Keine Politik, keine Religion

«Die Freimaurer sind durch ihr gemeinsames Streben nach humanitärer Geisteshaltung miteinander verbun-

---

[23] «Die Alten Pflichten», Teil I «Von Gott und der Religion», in der Übersetzung der Großloge der Alten Freien und Angenommenen Maurer von Deutschland, 1998

den; sie bilden keine Glaubensgemeinschaft.» — *«Die Großloge und ihre Mitgliedslogen nehmen in konfessionellen oder parteipolitischen Auseinandersetzungen nicht Stellung.»*[24]

Die Freimaurerei hat kein eigenes religiöses Modell. Sie ist aber nicht ganz frei davon, insofern die Rituale den Anwesenden Versatzstücke anbieten, die ihre Ursprünge in verschiedenen Religionen und Weltanschauungen haben. Die Rituale unterstreichen damit den gemeinschaftsbildenden Charakter, indem sie es jedem Mitglied überlassen, welche Elemente es für sich in den Vordergrund stellt. Kritiker, vornehmlich Kleriker, bemängeln diesen «metaphysischen Selbstbedienungsladen». Alles andere wäre aber ein Dogma. Freimaurerei erzieht ihre Mitglieder zu selbstverantwortlichen und kritischen Menschen, die sich sehr bewusst und auf ihre Lebenslage bezogen aus diesen Versatzstücken wirkungsvoll bedienen, ohne dass ihnen eine Meinung oder Lehre vorgesetzt wird.

Wesentlich zu erwähnen ist, dass in den Logen Streitgespräche über Politik und Religion verboten sind. Man führt dies zurück auf den Umstand, dass die-

---

[24] Verfassung der Großloge der Alten Freien und Angenommenen Maurer von Deutschland, «Die freimaurerischen Grundsätze», Artikel 5

se beiden Themen von Anbeginn an größtes Unglück über die Menschheit gebracht haben.

Organisatorischer Aufbau

Die Freimaurer sind nur national organisiert, eine «Weltfreimaurerei», wie Verschwörungstheoretiker gerne vermuten, gibt es nicht. In Deutschland gibt es fünf Großlogen, die sich in den «Vereinigten Großlogen von Deutschland» zusammengeschlossen haben.

Die «Großloge der Alten Freien und Angenommenen Maurer von Deutschland» als größte Gruppe hat, wie bereits erwähnt, derzeit[25] etwa 10.000 Mitglieder in 270 Logen, die wiederum in 11 Distrikten, angelehnt an die Bundesländer, organisiert sind.

Jede Loge hat einen Vorsitzenden, den «Meister vom Stuhl», die Distrikte jeweils einen Distriktmeister und die Großloge, als Vertretung der angeschlossenen Logen, einen Großmeister. Die Funktionsträger, Beamte genannt, der Logen, Distrikte und der Großloge werden auf Zeit gewählt.

Die «Regularität» (siehe Seite 76) einer Großloge und der ihr angeschlossenen Logen wird durch die «United Grandlodge of England» und durch gegenseitige An-

---

[25] Stand: 2014

erkenntnisse der verschiedenen Großlogen jedes Staates bestimmt.

Missverständliche Begriffe

Wie viele Gemeinschaften hat auch die Freimaurerei bestimmte Begriffe, die intern eine andere Bedeutung haben als im üblichen Sprachgebrauch.

So sprechen die Freimaurer gerne von einem «Tempel» als ihrem rituellen Versammlungsraum. Ich vermeide diesen Begriff, auch wenn ich weiß, dass es sich nicht um einen religiösen Raum handelt. Hier finden die rituellen Zusammenkünfte statt und der Name bezieht sich einerseits auf den «salomonischen Tempel» des König Salomo, der für seine Weisheit berühmt war, sowie auf das symbolische Projekt der Freimaurer, den «Tempel der Humanität», an dem man sinnbildlich «baut»..

Die «Loge» ist nicht ein Raum oder Haus, sondern sie bezeichnet die Gruppe der Menschen, die sich unter dem Namen der Loge zusammengeschlossen haben. Anders als Kirchen haben Logen keine geweihten Räume, sondern können ihre Zusammenkünfte und rituellen Arbeiten überall durchführen, sofern die notwendige Anzahl an Ritualbeamten zusammengekommen ist.

Der «Große Baumeister» bezeichnet keine bestimmte Gottheit, sondern steht als ein Sinnbild für ein übergeordnetes Prinzip, das jeder Freimaurer einer humanistischen Loge für sich ausdeuten kann, wie es ihm beliebt. Er kann darunter ein Gottesbild seiner Religion verstehen, einen Schöpfungsgedanken, spirituelle Kraft oder welche der vielfältigen Bezeichnungen es auch immer geben mag.

Die «Bibel» ist ein Muss der «Basic Principles», der Vorgaben aus England. Sie muss bei rituellen Arbeiten «aufgelegt» sein, gilt aber bei den humanistischen Logen nicht als religiöses Buch, sondern hat *«ausschließlich symbolische Bedeutung, wobei es dem einzelnen völlig freigestellt ist, in ihr das heilige, religiös verpflichtende Buch [...] oder die allgemein verpflichtende Sittenlehre, also ein ethisches Dokument, zu erblicken.»*[26] In einigen Logen werden neben der Bibel auch die Bücher der anderen Buchreligionen parallel verwendet.

---

[26] Lennhoff, Posner, Binder, «Internationales Freimaurerlexikon», Seite 130

Innenleben der Logen

Das Begegnen auf der «Winkelwaage»

Freimaurer betrachten sich nicht als «gleich». Sie erkennen und akzeptieren sehr wohl, dass die Menschen und auch ihre Mitglieder unterschiedlich sind. Sie betrachten sich aber sehr wohl als gleichwertig und begegnen sich in der Loge auf Augenhöhe, auf gleicher Ebene, symbolisiert durch die «Winkelwaage», einem wichtigen Symbol der Logen.

> «WIE SOLLEN FREIMAURER EINANDER BEGEGNEN? AUF DER WINKELWAAGE, EHRWÜRDIGER MEISTER, AUF GLEICHER EBENE.»

Dieses Grundprinzip einer jeden Loge macht unvoreingenommene Diskussionen und einen freien, unverstellten Gedankenaustausch möglich, indem man den Mitbruder als das nimmt, was er ist: als Mensch. Nicht als Geschäftsführer, Klempner, Internist, Leitender Beamter, Lehrer, Freiberufler, Kraftfahrer, Vorstandsmitglied oder Postbote. Die gezielt herbeigeführte freundschaftlich-brüderliche Vertrautheit ermöglicht es, über alle Unterschiede hinweg am Leben des anderen teilzuhaben.

Das erleichtert das Überwinden von Vorurteilen, aber auch das Festigen von Erfahrungen, stabilisiert die Persönlichkeit und sensibilisiert für die Probleme und Anforderungen unserer Gesellschaft.

Die Treffen

Die meisten Logen treffen sich wöchentlich an einem festen Tag. Meistens in eigenen Häusern, die man häufig mit anderen Logen am Ort teilt, häufig aber auch gastronomischen Betrieben, selten in Privaträumen.

Die Zusammenkünfte folgen unterschiedlichen Aufgabenstellungen. Entweder sind es sogenannte Bruder- oder Klubabende, an denen man sich über beliebige Themen austauscht und diskutiert. Oder es sind Gästeabende, zu denen interessierte Herren gezielt eingeladen werden, um ihnen die Freimaurerei und die Loge näher zu bringen und sich kennenzulernen.

Organisation und Hierarchie

Eine Loge wird durch den «Meister vom Stuhl» geleitet, unterstützt von verschiedenen «Beamten», beispielsweise den Aufsehern, dem Sekretär, Redner, Schatzmeister, Zeremonienmeister u.a. Der Meister vom Stuhl und alle Funktionsträger werden satzungsgemäß durch die Mitgliederversammlung auf Zeit gewählt.

Da die Logen vereinsrechtlich organisiert sind, liegen den Vereinsgerichten die Satzungen vor und müssen dort genehmigt werden, zudem sind die Namen der Vorstandsmitglieder bekannt, wie bei jedem anderen eingetragenen Verein auch.

In der Hierarchie gibt es einen deutlichen Unterschied, ob es sich um einen normalen Abend oder um eine rituelle Zusammenkunft handelt. Bei einem Bruder- oder Klubabend bzw. Gästeabend sind alle Teilnehmer gleichberechtigt, lediglich der Meister vom Stuhl hat als Vereinsvorsitzender gewisse Sonderrechte, wie in der Satzung hinterlegt.

Die rituellen Zusammenkünfte stellen in gewisser Weise ein Spiel dar, bei dem der Meister vom Stuhl zwar die Versammlung einberuft und leitet, er ohne die Unterstützung seiner Beamten und deren ganz spezielle Aufgaben nicht arbeiten kann und darf. Die Rechte und Pflichten sind klaren Abläufen unterworfen und sind streng reglementiert. Das dient der Verdeutlichung der Symbol- und Gedankenwelt der Freimaurerei, schafft die notwendigen geistigen Freiräume und bietet durch die Verlässlichkeit des Ablaufes Möglichkeiten der Kontemplation und Entspannung. Ganz nebenbei sorgen die «genormten» Abläufe dafür, dass auch besuchende Brüder in die fremde Loge sofort eingeführt werden können und sich heimisch fühlen, selbst wenn sie als ausländische Brüder der Sprache nicht mächtig sind.

Die besondere Sprache, «angestaubt» wirkende Anreden und Floskeln sowie die freiwillige Einordnung in das Rang- und Gradsystem mögen Außenstehende irritieren, sind aber keine lässliche Traditionspflege, sondern unerlässliche Bestandteile des «Systems Ritual», das uns viel über Umgangsformen, Respekt, Anerkennung, aber auch die eigenen Grenzen und Möglichkeiten lehrt.

Gründe für die Mitgliedschaft

Die nachfolgenden Beiträge stellen in ihrer Reihenfolge keine Wertung dar. Sie finden sicherlich das eine oder andere, das Sie für sich als wichtig erachten. Ob es für den Wunsch zu einer Mitgliedschaft reicht, entscheiden Sie.

Vermittlung von Werten

In vielen Bereichen bemüht man sich zweifellos um die Vermittlung von Werten: in Schulen, Kirchen, Vereinen, bei Seminaren, Parteien, in Klubs und selbstverständlich in den Familien und im Freundeskreis.

> «SUCHEN SIE NICHT ERNSTLICH DIE WAHRHEIT UND RINGEN SIE NICHT MIT DER KRAFT DER SEHNSUCHT NACH MENSCHLICHER VOLLENDUNG, SO VERLASSEN SIE DIESEN ORT.»

Mir ist keine Gruppe bekannt, in der die Wertevermittlung so ganzheitlich und tiefgreifend geschieht wie in einer gut geleiteten Freimaurerloge. Wobei zugegebenermaßen hier nur Menschen zusammenkommen, die an dieser Wertevermittlung teilhaben wollen und ihren eigenen Beitrag dazu leisten. Es ist die einzigartige Mischung zwischen Gespräch, Ritual und dem Handeln in der Gruppe, die Werte erfolgreich vermittelt.

Netzwerke

Netzwerke gibt es überall: in Vereinen, im Beruf, der Politik, im Kulturbereich. Sie sind für gewöhnlich dazu da, berufliche oder private Karrieren zu befördern, sich gegen andere Meinungen abzuschotten und werden gern auch abfällig als «Seilschaften» bezeichnet.

Was man in der Freimaurerei kaum findet, sind die immer wieder kolportierten beruflichen Netzwerke. Sie sind in den Logen als abfällig bezeichnete «Geschäftsmaurerei» im Gegenteil verpönt. Wenn Sie sich durch eine Mitgliedschaft also berufliche Vorteile versprechen: Vergessen Sie es!

In den Logen finden sich ganz andere Netzwerke, die Ähnlichkeiten mit den modernen «Sozialen Netzwerken» im Internet haben. Wenn man für eine bestimmte Aufgabenstellung Mitstreiter oder Ratgeber benötigt, wird man hier relativ schnell fündig, sei es in der eigenen Loge oder darüber hinaus. So gesehen funktioniert die Loge sehr gut als Ratgeber und als «Brainpool», denn in der Bruderschaft kann man schon unausgegorene Ideen präsentieren, findet dafür Zuhörer, Unterstützer, auch Mahner, kreative Anregungen und: Kontakte.

«Durch die verschiedenen Blickwinkel ergeben sich Lösungen, auf die man selbst nicht käme. Dies geschieht in

einer Atmosphäre der Offenheit. Man muss auch die Stärke haben, Schwächen zu zeigen. Das ist möglich, da alle Gespräche vertraulich sind.»[27] In den Logen sind die Netzwerke nicht zielgerichtet, dafür vielseitig.

Berufliche Vorteile

Nun mag es seltsam erscheinen, dass ich gleich nach dem Abstreiten beruflicher freimaurerischer Netzwerke die Mitgliedschaft in einer Loge mit beruflichen Vorteilen verbinde. Was auf den ersten Blick widersprüchlich scheint, lässt sich leicht auflösen.

Doch zunächst noch ein Hinweis zu beruflichen Verbindungen in der Freimaurerei. Natürlich werden innerhalb der Logen auch Aufträge an Logenbrüder vergeben. Das ist der ganz normale Verlauf, wie er auch in einem Sportverein, der Kirchengemeinde oder von mir aus einem Golfklub üblich ist. Man kennt und vertraut sich. In der Freimaurerei ist aber gleichzeitig die entgegengesetzte Haltung feststellbar: Man beauftragt ausdrücklich keinen Freimaurer, weil man angesichts möglicher beruflicher Konflikte die Streiterei nicht in die Loge tragen möchte.

Sie hätten also gleichermaßen Vor- und Nachteile, wenn Sie in der Loge Kunden oder Geschäftspartner

---

[27] SPIEGEL WISSEN, Ausgabe 3/2013, Seite 65

werben wollten. Zudem: das notwendige Vertrauen müssten Sie sich erst erwerben, das ist ein langer Weg. Und, wie schon an anderer Stelle geschrieben: das gezielte Anbahnen beruflicher Kontakte ist verpönt. Wenn Sie es versuchen, werden Sie scheitern.

Lassen Sie mich mit einem Zitat aus dem Buch von Adam Grant zum eigentlichen Kern kommen: «*Die guten Typen schaffen es überdurchschnittlich oft bis ganz nach oben – Menschen, die ohne Gegenleistung geben, die Freunden helfen und Fremden Ratschläge anbieten. Sie schauen darauf, was andere brauchen und wie sie ihnen helfen können. Sie teilen ihr Wissen, ihre Energie, ihre Verbindungen mit anderen. Und sie sind gerade deswegen erfolgreich.*»[28] Die Theorie Grants «Erfolgreich sein zum Vorteil aller» deckt sich durchaus mit den Ansprüchen der Freimaurer und wird schon lange praktiziert.

Aber noch mehr spricht nach meiner Beobachtung dafür, dass sich unter den Freimaurern vermutlich mehr beruflich erfolgreiche Menschen befinden als im Durchschnitt der Gesellschaft: In den Logen lernen und vertiefen die Mitglieder soziale Kompetenz, sie verinnerlichen fairen und angenehmen Umgang mit anderen Menschen und sie gewinnen durch die Ge-

---

[28] Adam Grant, «Geben und Nehmen», zitiert nach SPIEGEL WISSEN, Ausgabe 3/2013, Seite 109

spräche mit den Logenbrüdern, die bewusst aus den unterschiedlichsten Kreisen und Berufen kommen, ein deutlich umfassenderes Weltbild als ihre Kollegen und können auf das kollektive Wissen und Erfahrungen der Bruderschaft zurückgreifen.

Das ist nicht nur für den Einzelnen vorteilhaft, sondern kann es langfristig für die Gesellschaft sein. Uns allen ist klar, dass unser wirtschaftliches System nicht auf Dauer so weitergehen kann. Wenn Lösungen im Großen noch auf sich warten lassen, kann der Einzelne in seinem beruflichen Wirken beginnen. Die Wertmaßstäbe, die in den Logen besprochen werden, können im Rahmen einer «ökonomischen Ethik» umgesetzt werden, ohne zu persönlichen Nachteilen zu führen, im Gegenteil. «*Die ökonomische Ethik gibt auf die Frage, warum man moralisch sein sollte, letztlich die Antwort: weil es für einen selbst vorteilhaft ist.*»[29]

In dem Zusammenhang ist auch die «soziale Kompetenz» wichtig, deren Bedeutung in immer mehr Unternehmen und beruflichen Netzwerken erkannt und die in den Logen besonders geschult wird, mit der Ausübung von Leitungspositionen in Logen besonders als soziale Führungskompetenz. «*Die soziale Performanz*

---

[29] Andreas Suchanek, «Ökonomische Ethik», Seite 141

eines Menschen korreliert durchaus mit seiner Ethikfähigkeit.»[30]

Freimaurer haben zumindest gute Voraussetzungen, aus eigener Kraft erfolgreich und gleichzeitig zufrieden zu sein.

Gesprächskultur

«Beeindruckt haben mich die Offenheit und im Besonderen die ungekünstelte Herzlichkeit der Freimaurer untereinander sowie auch zu den Gästen.»[31] – «Bei den Freimaurern fühle ich mich sehr wohl, geachtet, respektiert und geschätzt, und das von Herzen; das ist etwas, was in der heutigen Zeit alles andere als normal ist.»[32] – «Der Respekt innerhalb der Gesprächsgruppen und die interessante Themenauswahl haben mich bestärkt.»[33]

Diese Stimmen von Gästen sagen eigentlich schon genug. Die Diskussionskultur ist in der Tat das erste, was Gästen beim Besuch einer Loge auffällt. Und auch die Brüder schätzen dieses «Laut denken mit den Freunde»[34], das sich als Konsequenz der «Gesamtmethodik» in der Freimaurerei ergibt.

---

[30] Rupert Lay, «Ethik für Manager», Seite 135
[31] Umfrage Großloge A.F.u.A.M.v.D. 2013
[32] ebd.
[33] ebd.
[34] Gotthold Ephraim Lessing, «Ernst & Falk»

«*Um in einer Gruppe erfolgreich kommunizieren zu können, muss man sich dort sicher fühlen [...]. Man muss seinen Platz in der Gruppe gefunden haben.*»[35] Das brüderliche Miteinander, das keinesfalls zwangsläufig in Schönfärberei enden muss, der Respekt vor dem Recht einer anderen Meinung unterstützen dies.

Hin und wieder holen sich Logen externe Referenten zu unterschiedlichsten Themen. Die Referenten kommen gerne, und sie kommen gerne wieder, weil sie von der Offenheit und der Toleranz der Bruderschaft angetan sind, wie sie in einer gut aufgestellten und arbeitenden Loge vorgefunden werden. Nicht selten ist das der Beginn einer Mitgliedschaft.

Geselligkeit

Zumindest ein Mindestmaß an Geselligkeit braucht wohl jeder Mensch. Die Logen lösen auch dieses Bedürfnis, denn neben den – im Übrigen gar nicht so trockenen, sondern unterhaltsamen und humorvollen – Gesprächen über Ethik oder verwandte Themen, dient die Loge auch dem lockeren Gespräch in der Gruppe oder vertraulichen Gesprächen unter Freunden.

Darüber hinaus unternehmen viele Logen gelegentlich Ausflüge mit den Partnerinnen und Gästen oder

---

[35] Josef W. Seifert, «Gruppenprozesse steuern», Seite 35

führen interne wie öffentliche Veranstaltungen durch. Zudem gibt es zahlreiche Kontakte und Zusammenarbeiten mit anderen Logen, aber auch mit nichtfreimaurerischen Gruppen und Organisationen.

Geselligkeit in der Loge findet im rechten Maß statt, in guter Balance zwischen Anspruch und Entspannung.

Freunde finden statt Buddies

Jugendliche zählten im Jahre 2012 durchschnittlich 270 Freunde[36] – auf Facebook. Sogenannte Buddies, digitale Bekannte, keine Freunde. Was aber jeder Mensch braucht, sind echte Freunde.

Freunde, mit denen man über alles reden kann, die Zeit und ein Ohr für Sorgen und Nöte haben, die auch Spaß und Freude teilen, die man zu unmöglichen Zeiten anrufen oder treffen kann, die uneigennützig helfen, wenn man sie braucht. Die aber auch die gleichen Rechte für sich einfordern und dürfen, denen man die gleiche Aufmerksamkeit einräumt, für die man sich Zeit nimmt, ohne den Zweck und den Aufwand zu hinterfragen, einfach deshalb, weil sie gute Freunde sind.

Statistisch gesehen hat jeder Mensch nur ein bis drei gute Freunde. Wie wäre es, wenn Sie davon mehr haben könnten?

---

[36] Medienpädagogischer Forschungsverbund Südwest, 2012

Üblicherweise ergeben sich Freundschaften eher beiläufig; Nachbarschaft und Arbeitsplatz sind die häufigsten Orte, an denen Freundschaften entstehen, und auch hier ist das Entstehen vorwiegend vom Zufall gesteuert.

In den Logen kommen mehrere Faktoren zusammen, die das Entstehen von Freundschaften begünstigen: Eine gleiche Interessenlage als verbindendes Element, die Häufigkeit des Kontaktes, die Offenheit, auf andere zuzugehen, der Wille zum Zuhören und Verstehen sowie die Bereitschaft zur Freundschaft.

Nach meinem Erleben und meiner Beobachtung haben Freimaurer etwas mehr Freunde als der genannte statistische Durchschnitt. Nicht dramatisch viel mehr, Freundschaften wollen schließlich gepflegt und bestritten werden, aber doch mehr.

In den Logen ist jeder zunächst einmal nur ein «Bruder», ein Mensch, den man mit seinen Eigenheiten akzeptiert und respektiert, ohne dass man mit ihm näher betreundet sein muss. Man bringt sich Wertschätzung entgegen, immerhin. Zur Freundschaft reicht es manchmal nicht, aber die Chance ist da.

In den Logen kommt ein wichtiger Typus der Freundschaft hinzu, der «brüderliche Freund». Das sind Freimaurer, die ohne eine ausdrückliche Freundschaft Hilfe leisten, wenn ein Logenbruder sie benötigt, mit Rat und Tat zur Seite stehen, auch von sich aus auf andere zugehen, wenn sie eine Notwendigkeit sehen.

Die Freimaurer sind sich einander menschlich näher als dies vielleicht in der Gesellschaft üblich ist. Deswegen ist hier das Potenzial für Freundschaften größer.

Beachten Sie: wie im normalen Leben kommen auch in der Freimaurerei Freunde nicht von selbst. Man muss einiges dafür tun.

Selbsterfahrung

Wenn Interessenten sich an eine Loge wenden, suchen sie oft nach dem Sinn ihres persönlichen Lebens. «Das kann doch nicht alles gewesen sein?», ist eine der häufigen Fragen. Diese Menschen, die wir «Suchende» nennen, erwarten fertige Antworten von der Freimaurerei, die sie sich aber nur selbst geben können. Aus guten Grund beginnt daher der freimaurerische Weg im Lehrlingsgrad (siehe Seite 120) mit der Suche nach dem eigenen Ich, den eigenen Fragen, Stärken, Schwächen, Ansprüchen, Wünschen und Möglichkeiten.

Dem Prinzip der Freimaurerei als einer Art «westlicher Lebenskunst» folgend werden die Antworten nicht durch Versenkung, Yoga, Meditation gesucht, sondern durch Nachdenken, durch ein ausgewogenes Verhältnis von Vernunft und Emotionalität, durch Rituale und Gespräche mit Freunden.

Zu wollen, wer man ist, was man kann, was man will und wie man es umsetzt, wofür der Grad des Gesellen (Seite 121) ins sprichwörtliche Spiel kommt, gehört zu den ureigenen Aufgaben der Freimaurerei, ihren Mitgliedern zu einem Standpunkt, zu einer Sichtweise, zu Zielen und einer persönlichen Erkenntnis zu verhelfen. Das ist zunächst einmal wichtig, um sich im Anschluss in der und für eine Gesellschaft bewähren zu können.

Religiosität und Spiritualität

Die humanistische Freimaurerei ist zwar den Religionen gegenüber tolerant und vertritt auch keine eigene Glaubensüberzeugung, sie ist auch nicht im eigentlichen Sinne spirituell, sie bietet aber in ihren Ritualen Gedanken aus verschiedenen religiösen, spirituellen und philosophischen Systemen an, die der Teilnehmer als Anregungen und Teil seiner persönlichen Weltanschauung aufnehmen kann, aber nicht muss.

Diese gedankliche Freizügigkeit rührt aus der Frühgeschichte der modernen Freimaurerei her, und besonders die Einbeziehung zum Teil gegensätzlicher Weltbilder ermöglicht den Prozess des gegenseitigen Achtens und Verstehens, auch auf anderen Themenfeldern als der Religion.

«Die Anerkennung der Toleranz bezieht sich aber nicht allein auf die christlichen Konfessionen, sondern auf die

anderen Weltreligionen. Mit der zunehmenden Kenntnis fremder Länder und Kulturen erfährt der bisher als ‹heidnisch› angesehene Islam eine neue Bewertung, und die Bekanntschaft der indischen und chinesischen Weisheitslehren verstärkt die Kritik an der alleinseligmachenden Kirche mit ihren Ketzerverfolgungen und Inquisitionsgerichten.»[37], schreibt Wolfgang Kelsch in seinen «Gedanken über den einfältigen Atheisten».

Das religiöse Bild der humanistischen Freimaurerei, ihres Zeichens ein Kind der Aufklärung, ist sehr freizügig und hat Platz für alle religiösen oder weltanschaulichen Sichtweisen.

«Die wichtigsten Philosophen der Aufklärung griffen die heuchlerische Frömmigkeit nur deshalb an, um Platz für die Ehrfurcht zu schaffen. [...] Ehrfurcht enthält Bewunderung, mehr noch Dankbarkeit: Dankbarkeit für das Sein und die Tatsache, dass man ein Leben geschenkt bekam. Man kann Ehrfurcht vor Gott, aber auch vor den Idealen der Gerechtigkeit haben, Ehrfurcht vor der Schönheit oder der Wahrheit – kurz vor all dem, was unser eigenes Streben übersteigt. Ehrfurcht ist ein Wert, der uns im Gleichgewicht hält.»[38]

---

[37] Wolfgang Kelsch, «Gedanken über den ‹einfältigen Atheisten›», Jahrbuch der Forschungsloge Quatuor Coronati 29/1992, Seite 74

[38] Susan Neiman, Philosophin und Direktorin des Einstein Forums Potsdam. Aus: DIE ZEIT 25/2013, Seite 20

Toleranz üben

Toleranz ist alles andere als Gleichgültigkeit. Man kann anderen Menschen gegenüber gleichgültig sein, weil man sich mit ihren Problemen oder Besonderheiten nicht beschäftigen will. Das kann eine sogar libertäre Form der Ausgrenzung sein, Toleranz ist es nicht.

Toleranz geht immer einher mit einer anderen Meinung, die man nicht teilt, aber duldet im Sinne des «Ertragens», weshalb Toleranz nicht geeignet ist, ein Dauerzustand zu sein. Schon Goethe erkannte: «*Toleranz sollte nur eine vorübergehende Gesinnung sein: sie muss zur Anerkennung führen.*» Das ist leicht gesagt, aber Toleranz ist eine der schwierigsten Aufgaben, mit denen sich ein Mensch beschäftigen kann.

In den Logen wird der Boden für Toleranz bereitet, nicht nur aus der Bereitschaft zur humanistischen Lebensgestaltung. Man trifft in den Logen auf unterschiedlichste Menschen, Sichtweisen und Erfahrungen, die auf dem Weg von der Gleichgültigkeit über die Toleranz zur Anerkennung und Einsicht führen können.

Meinungsbildung

Fraglos sind zur Meinungsbildung die verschiedenen Medien wichtig. Gelebte Meinungsbildung findet allerdings erst im Gespräch mit anderen Menschen statt. Dabei besteht die Gefahr, mit «Gleichgesinnten» eine Meinung nicht zu erarbeiten, sondern nur zu verfestigen oder sogar zu Vorurteilen zu kommen.

Eine Loge, die vorzugsweise aus den unterschiedlichsten Menschen besteht, der «Gemeinschaft Ungleicher», wie sich der Bruderbund auch nennt, bildet ein ungeahntes Meinungsspektrum. Für viele Brüder ist es erfrischend, was sie beispielsweise an einem Bruderabend nach einem Impulsvortrag und nur einer knapp einstündigen, ergebnisoffenen Diskussion, an unterschiedlichen Meinungen und Standpunkten gehört haben, die zu einer umfassenden Meinungsbildung beitragen.

Informelle Selbstbeschränkung

In einer Zeit, in der beinahe täglich durch die Medien «eine neue Sau durchs Dorf gejagt» wird, in der sensationsgierige Presse jedes Gerücht zur Meldung macht, in den Sozialen Netzwerken jede Privatheit zur öffentlichen Verlautbarung verkommt, ist es tröstlich zu wissen, dass es auch noch «informelle Schutzzonen» gibt, in denen nicht jeder zu jedem eine Meinung zu haben sich veranlasst sieht, in denen vertrauliche Gespräche auch vertraulich sind, wo man aber auch Meinungen und Gedanken in einer Art meinungsbildendem Labor ausprobieren kann, wo Freiheit für Gedanken gilt, selbst wenn sie noch nicht ausgereift sind oder die Zeit noch nicht reif.

Hier gilt Verschwiegenheit als charakterstärkende «Mannestugend»[39], bildet die Grundlage für Vertrauen, Freundschaft – und außergewöhnliche Gedanken.

Idealismus

Wenn Sie Idealist sind, die Welt retten wollen, wenn Sie eine «Verschwörung zum Guten» suchen, wenn Sie anderen Menschen helfen möchten: dann sind Sie bei den Freimaurern richtig. Hier werden Sie – nicht nur, aber doch – viele Gleichgesinnte treffen, mit denen Sie über die Loge oder außerhalb Ihren Idealismus umsetzen können. Die Bruderschaft wird Ihnen dabei mit großer Wahrscheinlichkeit Anerkennung, Hilfe und moralische Stütze sein können.

Weltbruderkette

Wer oft auf Reisen ist, wünscht sich vielleicht das Gefühl, ein wenig Zuhause zu sein, egal, wo man sich befindet. Über die sogenannte «Weltbruderkette» ist dies möglich, denn Freimaurer einer regulären Loge (siehe Seite 76) haben das Recht, jede andere reguläre

---

[39] Jürgen Holtorf, «Verschwörung zum Guten», Bauhütten Verlag Münster, 1985, Seite 16

Loge der Welt zu besuchen. Reisende Brüder berichten immer wieder von den freundlichen Aufnahmen in fremden Logen, den angenehmen Erlebnissen und den teilweise langjährigen Freundschaften und Kontakten, die sich daraus ergeben.

Es muss gar nicht die Weltbruderkette sein. Auch die Nachbarloge freut sich über Besuch und kann eine willkommene Abwechslung und Erweiterung des Horizontes bieten.

Aber das sollte nur eine angenehme Nebenerscheinung sein. Freimaurer sollten Sie schon aus anderen Gründen werden wollen.

Humanität im täglichen Leben

Stéphane Hessel, der ehemalige französische Diplomat, ruft in seiner Schrift «Engagiert euch!» zum umfassenden Engagement im Alltag auf. «*Es genügt nicht, sich aufzuregen, wie ungerecht die Welt ist. Ungerechtigkeit ist sehr konkret. Sie lauert an meiner Tür, hier und jetzt. [...] Was wird da von mir gebraucht? Zur Stelle sein mit Worten und Taten, mit Herz und Verstand. Dem Betroffenen Unterstützung gewähren. So kann mich diese Kluft zwischen sehr reich und sehr arm, die meine Empörung geweckt hat, zu konkretem Handeln führen.*»[40]

---

[40] Stéphane Hessel, «Engagiert euch!», Ullstein Streitschrift, S. 9

Natürlich kann man sich in beliebigen Organisationen zu diesem Zweck zusammenschließen. Aus meiner Sicht ist das sogar zu begrüßen. Freimaurerei und Loge können aber Ausgangs- und Rückzugspunkt, sozusagen das Basislager auf diesem Wege sein.

Die meisten Gruppierungen, in denen man sich engagieren kann, sind zielgerichtet. So effektiv diese Ausrichtung ist, so groß ist die Gefahr der Einseitigkeit und der Mangel an einem Blick über die Grenzen der originären Aufgabe. In der Loge kann man neue Anregungen bekommen, die die Arbeit in anderen Organisationen begünstigt, neue Kontakte knüpfen. Die Loge kann aber auch das manchmal notwendige Korrektiv sein. Immer aber ist sie durch ihren ritualisierten Auftrag zur Teilnahme an der Gesellschaft Ansporn, seinen Beitrag zu leisten.

Aber auch in den Logen selbst wird dem Auftrag des alltäglichen Helfens nachgegangen, allerdings in der Regel ohne großen Lärm und besonderes Aufheben, eher diskret und hintergründig. Vielen, insbesondere introvertierten Menschen, liegt diese Form des Engagements viel mehr.

So mancher wird sich gar nicht in einer Gruppe, sei es innerhalb oder außerhalb der Freimaurerei, engagieren wollen, sondern lieber allein und selbstbestimmt. Aber auch er findet in der Loge den notwendigen Antrieb, Impulse und den Rückhalt für ein entsprechendes Wirken.

Das Schöne an der Freimaurerei: Ihre Werte lassen sich auch im Kleinen und unspektakulär durchsetzen. Wir betrachten es bereits als großen Gewinn, wenn jedes Mitglied Menschlichkeit in der Familie, der Verwandtschaft, im Freundes- und Bekanntenkreis und am Arbeitsplatz umsetzt, so gut es geht. Dabei muss man die Freimaurerei nicht vor sich hertragen, man kann ganz diskret einfach handeln.

Innerer Friede und Ausgeglichenheit

Freimaurerei, insbesondere durch den wöchentlichen Logenabend, mehr noch durch das monatliche Ritual, bedeutet ein wiederkehrendes Innehalten, einen bewussten Moment der Entschleunigung.

«Durch Verlangsamung wird die Wahrnehmung geschärft, und wer genauer wahrnimmt, erfährt Glück.»[41]

Wer bewusster wahrnimmt, sein Leben reflektiert und ordnet, wer Freunde hat, sein Verhältnis in der Welt und zum Numinosen klären kann, wird auch im rauen Alltag mit größerer Ausgeglichenheit und Standhaftigkeit bestehen können.

---

[41] Erwin Heller, SPIEGEL WISSEN 1/2013, Artikel über den «Verein zur Verzögerung der Zeit», S. 90

Mitverantwortung tragen

«Ohne eine humanistische Leitkultur, eine Kultur, die unterschiedliche partikulare Prägungen der Religion und der Herkunft überwölbt und diese gegebenenfalls in die Schranken weist, ist die Demokratie als Staats- und Lebensform nicht zu verwirklichen. Der normative Kern dieser humanistischen Leitkultur ist die Idee gleicher menschlicher Rechte, die allen unabhängig von ihrer Zugehörigkeit zu einem Staat, einer Religion, einer Ethnie, einem Geschlecht zukommen.»[42]

Freimaurer stellen keine Forderungen an ihre Mitglieder, sie überlassen es dem Einzelnen, wie weit er den gestellten Auftrag der Freimaurerei umsetzt. Wir gehen aber davon aus, dass die Welt deutlich freundlicher aussähe, wenn jeder Mensch in seiner Familie, seinem Freundeskreis, seinem beruflichen Umfeld und in seiner Nachbarschaft für mehr Menschlichkeit und Gerechtigkeit sorgen würde.

Diesen Schritt setzen wir als Mindestmaß voraus. Nicht wenige Brüder engagieren sich für dieses Ziel auch in und mit den Logen, sie tragen die freimaurerischen Tugenden ihren Möglichkeiten entsprechend in Vereine, Parteien, Organisationen und wirken dort für

---

[42] Prof. Julian Nida Rümelin, «Humanismus als Leitkultur. Ein Perspektivenwechsel»

Menschlichkeit. Die humanistischen Tugenden sind universell und können ohne jedes Sendungsbewusstsein im Kleinen wie im Großen umgesetzt werden.

Äußere Befreiung des Menschen wahren

Jürgen Holtorf bemerkt in seiner Schrift «Verschwörung zum Guten», «*dass der freimaurerische Auftrag der äußeren Befreiung des Menschen als erfüllt betrachtet werden kann.*»[43] Man mag das für den Kern der westlichen Welt so annehmen, aber diese Aussage war schon zum Zeitpunkt ihrer Veröffentlichung selbst für Europa nicht vollumfänglich zutreffend

Die «Befreiung des Menschen» ist beileibe nicht einmal in der westlichen Welt erreicht. Und dort, wo sie zumindest ansatzweise umgesetzt werden konnte, ist sie nicht auf ewig gesichert und muss jeden Tag erneut gegen anders gerichtete Interessenlagen verteidigt und bestärkt werden.

---

[43] Jürgen Holtorf, Großmeister der Großloge der Alten Freien und Angenommenen Maurer von Deutschland 1978 — 1985; Verschwörung zum Guten, S. 10

Warum ist die Freimaurerei besonders geeignet?

Viele Gruppierungen haben sich diesen oder ähnlichen Zielen verschrieben und sind zum Teil recht erfolgreich. Mit diesen Gruppen will die Freimaurerei weder in Konkurrenz treten noch ihnen den Erfolg streitig machen, ganz im Gegenteil. Die Freimaurerei geht aber einen anderen Weg, der den ganzen Menschen einbezieht und den wir, richtig umgesetzt, für nachhaltiger und umfassender halten.

> «BLEIBT NICHT STEHEN BEI DEM, WAS IHR ERREICHT HABT, SONDERN SCHAUT STETS AUF DAS ZIEL, DEM IHR ZUSTREBT.»

Freimaurerei bietet mit ihren Logen Rückzugsräume, in denen die Werte des Humanismus und der Aufklärung vermittelt, eingeübt und praktisch gelebt, ausprobiert und ggf. korrigiert werden können. In den Logen können die Mitglieder bereits den Erfolg vorwegnehmen, die Logen sind Labor und Erlebnisstätte für eine Welt, wie wir sie uns besser vorstellen.

Eine wesentliche Feststellung, die Besucher unserer Gästeabende vielfach machen und an denen sie eine funktionierende Loge erkennen können, sind der entspannte und angenehme Umgang der Brüder untereinander, mit denen man auch den Gästen begegnet sowie die Diskussionskultur in den Logen.

Die Freimaurerei sieht indessen nicht zwangsläufig vor, dass die gewonnenen Erkenntnisse, eingeübten Tugenden und erworbenen Fähigkeiten auf die geschützte Übungsstätte begrenzt bleiben. Im Gegenteil besteht die Forderung an jedes Mitglied, zumindest in der humanistischen Freimaurerei, *«hinaus in die Welt zu gehen und sich als Freimaurer zu bewähren.»*[44]

In den Logen wird der ganze Mensch entwickelt, seine Fähigkeiten zur Mitmenschlichkeit ausgebildet. Er kann durch gelebte Toleranz andere Meinungen dulden, gewinnt die Freiheit für die Aufnahme neuen Wissens, kann andere Ideen und Werte aufnehmen und prüfen, seine Tugenden entwickeln. Im Kreis einer wohlwollenden, aber auch freundschaftlich mahnenden Bruderschaft, in der er sich nicht verstellen muss, kann er seine Ideen und Vorstellungen entwickeln, ausprobieren und an Stärke gewinnen.

Dabei findet die Vermittlung freimaurerischen Wissens weniger durch Worte statt. Das Lehrgebäude, so-

---

[44] Ritual der Großloge A.Fu.A.M.v.D.: «Geht hinaus in die Welt, meine Brüder, und bewährt euch als Freimaurer. Kehrt niemals der Not und dem Elend den Rücken, seid wachsam auf euch selbst!»

fern man davon überhaupt sprechen kann, der humanistischen Freimaurerei beschränkt sich im Wesentlichen auf die Rituale der drei Grade. In der Vermittlung der Tugenden über eine eigene Ritual- und Symbolsprache, das eigene und gemeinschaftliche Erleben, die Selbstreflexion und die Gemeinschaft vollzieht sich der eigentliche Bildungsweg. Schlussfolgerungen zieht jedes Mitglied selbst, gezielte Handlungsaufforderungen, Vorgaben, Einmischungen und Vorhaltungen sind nicht Bestandteil.

Rolf Appel schreibt dazu 1970: «*Die geistige Grundlage der Freimaurerei stellt sich in erster Linie nicht durch Worte dar. Ihr Wesen wird erfahren durch eigenes Gestalten und erlebte Handlungen. Gestalten und Handlungen sind wirksamere und vollkommenere Kundgebungen des Geistes als Worte. Der einer Gemeinschaft innewohnende Geist, der in Gestalt und Handlung hervortritt, ist höher zu schätzen als derjenige, der sich nur in Worten und Begriffen kundtut.*»[45] In Kurzform konnte man dies schon 1723 in den «Alten Pflichten» nachlesen: «*Man lernt sie [die Loge] am besten verstehen, wenn man sie besucht.*»[46]

---

[45] Rolf Appel, «Was ist Freimaurerei?», Bauhütten-Verlag Hamburg, 1970

[46] Die Alten Pflichten von 1723, Abschnitt III, «Von den Logen»; in neuer Übersetzung 1998 herausgegeben von der Großloge A.F.u.A.M.v.D., Die Bauhütte Bonn

Widersprüchliches

In einer Gemeinschaft, die schon beinahe dreihundert Jahre besteht, die es in beinahe allen größeren Kulturkreisen gibt, die im Laufe der Zeit die verschiedensten Wandungen durchlebt hat, die in beständigem Wechsel gefeiert und verboten war, die im Laufe ihrer Existenz Abermillionen von Mitgliedern hatte, die sich mit unterschiedlichen Anforderungen zu beschäftigen hatte und in der es hin und wieder auch um Macht und Einfluss ging, können Widersprüche kaum ausbleiben. Dabei sind einige von ihnen bei genauerer Betrachtung nachvollziehbar, manche warten dennoch auf Lösungen.

Ich halte es für wichtig und richtig, dass ein Interessent um diese Probleme vor seiner Aufnahme wissen sollte. Wer nur mit schwärmerischen Gedanken und voller Euphorie zu uns kommt, könnte desillusionierende Erlebnisse haben, die erst nach der Aufnahme mühsam aufgeklärt werden müssen oder zu großen Enttäuschungen führen.

> «VON ALLEN AUF DER ERDE LEBENDEN WESEN IST ALLEIN DER MENSCH IMSTANDE, SEINE FEHLER UND IRRTÜMER ZU ERKENNEN.»

Wir brauchen Menschen, die sich davon nicht abhalten lassen, dennoch und mit Überzeugung zu uns kommen und sich den Widersprüchen stellen, vielleicht sogar zur Lösung beitragen.

Regularität

Es gibt eine «reguläre» und eine «irreguläre» Freimaurerei, was wie eine qualitative Unterscheidung klingt, aber nicht zwingend sein muss.

Die Begriffe «Freimaurerei» und «Loge» sind nicht geschützt. Schon in der Frühzeit führte dies schnell zu Logengründungen, die mit dem ursprünglichen Gedanken wenig zu tun hatten. Hinzu kamen Schwindler, die mit der Sehnsucht nach Zugehörigkeit zu einer als elitär verstandenen Gruppe, aber auch vermeintlichen Goldmachern, Wahrern mystischer und religiöser Geheimnisse usw. Kasse machten. Es gab sie insbesondere im 18. Jahrhundert reichlich.

Zur Abgrenzung zu diesen sogenannten «Winkellogen» definierte die «Grandlodge of England» Prinzipien, die für die Anerkennung einer Loge als «regulär» verbindlich wurden. Für diese regulären Logen gelten im Zuge der gegenseitigen Anerkennung bestimmte Rechte, beispielsweise das weltweite Besuchsrecht.

Als Abgrenzung zu dubiosen Logen war diese Regelung perfekt. Nun gab und gibt es aber ganz ernsthaft arbeitende Freimaurer, die mit Teilen dieser Prinzipien nicht einverstanden sind, beispielsweise haben große Teile der französischen Freimaurer eine deutlich laizistische Einstellung, andere Logen nehmen auch Frauen auf. Beides verstößt gegen die «Basic Principles» der regulären Freimaurerei.

Niemand würde behaupten wollen, dass diese Logen nicht ernsthaft die freimaurerische Idee einer humanistischen Welt vertreten und auch sonst, beispielsweise in ritueller Weise, keine ausgezeichnete Arbeit leisten. Trotzdem gelten sie als «irregulär».

Wenn es sich nur um eine Begrifflichkeit handeln würde, wäre das kein wirkliches Problem. Nun ist es allerdings so, dass die Regeln der «regulären» Freimaurerei besagen, dass zu «irregulären» Logen keine «freimaurerische Beziehung» stattfinden darf, keine wechselseitigen Besuche, keine Zusammenarbeit. Was für die genannten «Winkellogen», also teilweise unseriöse Gründungen, einen Sinn ergab, führt hier ins Absurde, weil zwei verwandte Gruppierungen mit weitgehend identischen Zielen nicht gemeinsam arbeiten können; wobei eine Schuld für diese irreale Situation nicht eindeutig zugewiesen werden kann. Es ist eine historische Entwicklung.

Diesen Widerspruch aufzulösen finden immer wieder Gespräche statt und ich bin zuversichtlich, dass irgendwann das zu einem geregelten Miteinander wird, was einzelne Brüder schon immer diskret geregelt haben.

Verschwörungen

Verschwörungstheorien sind sowohl ein Bestandteil des Volksaberglaubens als auch Diffamierungswerkzeug der Freimaurergegner. Zum Teil geht das eine in das andere über. Die verschiedenen Theorien überbieten sich in der Regel in haarsträubender Dummheit und sind von halbwegs intelligenten und hinterfragenden Menschen schnell zu durchschauen.

Gegner der Freimaurerei sind insbesondere Gruppen mit ideologisch-politischem Gedankengut, gleichermaßen von rechts und links. Die einen werfen uns vor, Teil einer «bolschewistisch-jüdisch-freimaurerischen» Weltverschwörung zu sein, die anderen bezichtigen uns des Revanchismus, Bourgeoisie und Klerikalismus.

Eine weitere große Gruppe unserer Gegner findet sich bei den streng dogmatischen Vertretern aller Weltreligionen, aber auch bei einigen Sekten.

In ihren Argumentationen referenzieren sie sich üblicherweise gegenseitig und greifen gerne auf historische Quellen[47] zurück, die schon längst durch die se-

---

[47] Beliebte Quellen sind «Die Protokolle der Weisen von Zion», nachgewiesenermaßen eine Fälschung; die Schwindel des Léo Taxil oder die diffamierenden Schriften von Erich Ludendorff.

riöse Forschung als Fälschungen entlarvt sind oder die jeder Grundlage entbehren.

Kirchen

Die katholische Kirche und der Islam lehnen die Freimaurerei ab, die evangelische Kirche hat keine Probleme, sie «*überlässt es der Entscheidung des Einzelnen*»[48]. Zur offiziellen Sichtweise weiterer Religionsgemeinschaften liegen mir keine schlüssigem Informationen vor. Dabei gibt es in allen Kirchen und Weltanschauungen starke Unterschiede in ihren liberalen wie weniger liberalen Strömungen, die Übergänge sind fließend.

Die Freimaurerei selbst hat keine Vorbehalte gegen die Mitgliedschaft in einer Religionsgemeinschaft, zumal in der humanistischen Maurerei nach dem religiösen Bekenntnis nicht gefragt wird.

Es gab und gibt immer wieder Gespräche mit den großen Kirchen, aber auch auf örtlicher Ebene. Ich habe nie verstanden, warum viele Freimaurer auf Duldung durch die Kirchen Wert legen, zumal die Gründer der modernen Freimaurerei angetreten sind, sich von der Übermacht und den Dogmen der Kirchen zu befreien.

---

[48] Mittelung der EKD, http://www.ekd.de/ezw/Lexikon_2347.php, Stand 2014

Es muss die Feststellung genügen, dass die humanistische Freimaurerei keine Kirche ist, den Kirchen nicht schaden will und sich nicht in der Konkurrenz sieht, zumal die Freimaurerei kein Dogma, keine Lehre, keine Jenseitsvorstellung oder ähnliches beinhaltet. Wie die Kirchen selbst dies sehen, sollte nicht Gegenstand unseres Wirkens sein.

Warum Brüder Bruder wurden

Vor einiger Zeit habe ich etliche Freimaurer gefragt, warum sie dem Bund beigetreten sind und welche Veränderungen sich eingestellt haben. Über 200 Antworten habe ich bekommen, von jungen und alten Freimaurern, von Urgesteinen und ansonsten eher stillen Brüdern, Großmeistern und Lehrlingen.

«DER SCHÜTZENDE ARM EINES BRUDERS HAT SIE BEWAHRT. WOHL DEM, DER STETS EINEN FREUND UND BRUDER ZUR SEITE HAT.»

Ich will an dieser Stelle auf eine eigene Beschreibung verzichten, sondern möchte dem geneigten Leser lieber Ausschnitte der Antworten anbieten, weil sie authentisch sind und in ihrem Facettenreichtum ein Beleg für die Vielschichtigkeit der Freimaurerei. Gelegentlich gibt es kritische Zwischentöne, sie gehören zu einem selbstkritischen Verbund ungleicher Menschen.

Lediglich für die Frage nach den eingetretenen Veränderungen bietet sich eine Zusammenfassung an, weil fast alle an sich eine größere Ausgeglichenheit, mehr Toleranz, gestiegene Bereitschaft zum Zuhören und mehr Standhaftigkeit an sich beobachten.

«Der Umgang der Brüder untereinander beeindruckte mich ebenso wie die Traditionspflege. Die Werte waren ausschlaggebend.»

«Weil ich in der Freimaurerei, wie ich sie in der Großloge der Alten Freien und Angenommenen Maurer von Deutschland kennengelernt habe, eine Ergänzung zu meinem christlichen Glauben und eine Wirkungsstätte für ihn sehe.»

«Weil ich von einigen vermeintlich engen Freundschaften enttäuscht war und ein Alter erreicht hatte, in dem man nicht mehr auf zufällige Entwicklungen hofft.»

«Beschäftigung mit der Familiengeschichte, Urgroßvater war Freimaurer, daraufhin Kontaktaufnahme zu Recherchezwecken. Dort bei den Gästeabenden den Nutzen und Sinn der Freimaurerei für mich selbst entdeckt.»

«Die oberflächliche Beschäftigung mündete erst in Neugierde, dann in echtes Interesse. Erst nach zwei Jahren Besuchen der Gästeabende wurde mir klar, dass die Freimaurerei auch meiner Persönlichkeit zugutekommen könnte.»

«Es lastet kein Druck auf einem, sich weiter zu entwickeln. Das macht gerade den Reiz aus, es doch zu tun.»

«Mein geistiges und soziales Leben ist ungemein reich geworden – dank vielen Kontakten und wichtigen Themen, die unter den Brüdern und Schwestern so lebendig sind.»

«Ich hatte schon sehr früh von den Idealen und Tugenden der Freimaurer gehört. Dem fühlte ich mich damals und heute verpflichtet. Grundsätzlich hat sich mein Leben nicht verändert. Aber jeder Bruderabend und jede Tempelarbeit hat mich bereichert. Mein Leben ist insofern reicher geworden, bei dem ich die Freimaurerei nicht missen möchte.»

«Als toleranter Atheist hatte ich Interesse an den Themen der Freimaurerei, aber auch die Hoffnung, einen kultivierten Herrenclub vorzufinden, in dem auch mal gehobene Konversation stattfindet. Nicht alle Hoffnungen wurden erfüllt. Ich weiß nicht, ob Freimaurerei ursächlich dafür ist, aber ich denke stärker über eigenes Verhalten nach, über Ziele, versuche stärker eine Balance zwischen Familie, Interessen und Beruf zu finden.»

«Das tägliche Einerlei sollte durch die Freimaurerei eine Abwechslung erfahren, was dann auch geschehen ist.»

«Weil ich das Gefühl hatte, dass die Bruderschaft mir die Möglichkeit geben würde, nicht nur viele andere interessante Menschen kennenzulernen, sondern auch meinen ideellen und intellektuellen Horizont zu erweitern. Ich konnte allerdings nicht wissen, als wie wertvoll für meine allgemeine Entwicklung als soziales Wesen in einer nicht immer sozialen Welt sich die Freimaurerei erweisen würde.»

«Ich suche etwas Ethisch-Überreligiöses, nicht Kirchliches. Habe gefunden, was ich suchte.»

«Regelmäßige Beschäftigung mit ethischen Fragestellungen und der Versuch einer positiven Charakterbildung auf Basis der Werte der Aufklärung. Es haben sich zahlreiche Freundschaften und Bekanntschaften entwickelt, die ich nicht mehr missen möchte und die mich auf vielen Ebenen inspiriert und weiter gebracht haben.»

«Für mich hat Verbindlichkeit einen großen Stellenwert. Dazu gehören unter anderem Redlichkeit und Ehrlichkeit im Umgang miteinander. Ursprünglich hatte ich auch erwartet, von der ‹Weisheit› der älteren Brüder besonders profitieren zu können, aber im Laufe der Zeit wurden diese Erwartungen bis auf eine Ausnahme enttäuscht. Die brüderliche Begegnung scheint mir der wichtigste Aspekt zu sein, denn in der Gemeinschaft der Bauhütte habe ich gelernt, nicht jedem Bruder als Freund begegnen zu müssen, ihn aber doch in seiner Eigenart zu akzeptieren.»

«Ich erfuhr den Wandel vom Menschen zum Mitmenschen.»

«Viel mehr Gelassenheit und Geduld. Blick hinter die Mauern der eventuellen Schöpfung. Ich bin jetzt gläubig, aber nicht auf eine Religion festgelegt.»

«Weil mein Vater und dessen Vorfahren Freimaurer waren. Weil meine katholischen Religionslehrer am Gym-

nasium die Freimaurer verteufelten und damit meinen verstorbenen Vater beleidigten.»

«Ohne zu übertreiben, ich fand den Sinn meines menschlichen Lebens: Anstand, hohe Moral, Freundschaft, Brüderlichkeit und Weisheit.»

«Weil mich die Ideale begeisterten. Ich fand es beeindruckend, dass die Traditionen gepflegt und nicht permanent dem Zeitgeist angepasst werden.»

«Weil ich etwas fand, von dem ich überhaupt nicht wusste, dass ich danach gesucht habe: die Bruderkette.»

«Wegen der Herkunft der Freimaurer zunächst im geschichtlichen Rahmen, dann wegen der Mystik und um immer wieder an mir selbst zu arbeiten.»

«Als aktiver Gewerkschaftler und Politiker war ich eigentlich schon immer auf der Suche nach dem, was Menschen über politische Grenzen verbinden kann. In der Königlichen Kunst habe ich es gefunden, ohne meine politische Grundüberzeugung aufgeben zu müssen.»

«Mir zeigt die symbolische Arbeit zuvor bekannte Wege und Möglichkeiten auf, mein Leben nach ethischen Maßstäben zu gestalten und so in einen anders kaum erreichbaren Einklang mit mir selbst und meinen Mitmenschen zu gelangen.»

«Weil ich bei den Terminen Menschen treffe, die nicht aus meiner Branche und aus meinem Ort sind und weil mich das Thema sehr anzog.»

«Ich bin liberal und weltoffen und möchte meine noch bestehenden Vorurteile beseitigen, durch Einsicht und maurerische Gespräche.»

«Mein verstorbener Großvater hat mich auf seinem Sterbebett gebeten, Freimaurer zu werden. Dem Wunsch bin ich nachgekommen und bin es noch heute.»

«Weil mich die Gemeinschaft der Loge ansprach und ich erkannt hatte, dass es an der Zeit war, einen Teil meiner Zeit und Kraft der Arbeit an mir selbst zu widmen. Ich lernte, dass kein Mensch zu gering ist, dass er mir nicht mit seiner Lebenserfahrung helfen könnte und wie wohltuend und intellektuell anregend es ist, ohne vorgefasste Zielsetzung zu debattieren.»

«Weil mir in einem anderen Männerbund die Eitelkeit und das Spießbürgertum auf die Nerven gingen.»

«Endlich lernte ich Menschen kennen, mit denen man auf geistiger Augenhöhe und trotzdem kritisch, ohne Vorurteile und Dünkel diskutieren kann. Menschen, die zu Freunden taugen und zu Brüdern geworden sind.»

«Mich haben zwei von den Freimaurern praktizierte Haltungen fasziniert: der Toleranzgedanke und der Meinungspluralismus. Beides war nicht für jeden Menschen, der wie ich in der DDR aufgewachsen ist, eine Selbstverständlichkeit.»

«Es ist eine fantastische weltumspannende Gemeinschaft, in der es jedoch durchaus ‹menschelt›.»

«Weil ich von mir unbekannten Männern trotz meines jungen Alters ernst genommen wurde. Und weil diese Männer, mitten im Leben stehend, in der Zeit nach der Wiedervereinigung, nicht zwecks Gewinnerzielung, sondern aus innerer Überzeugung, Mühen und Kosten auf sich nahmen, um in meiner Stadt eine Loge wiederzugründen.»

«Da ich schon als Jugendlicher das Glück hatte, sehr von dem Kontakt mit herausragenden Persönlichkeiten profitieren zu können, war ich schon lange auf der Suche nach einer Gemeinschaft, in der ich offenen Gedankenaustausch pflegen und vielleicht jene Form von gegenseitig verbessernder, die Tugend fördernde Freundschaft finden konnte, wie sie Cicero in seinem Werk ‹Laelius über die Freundschaft› beschrieben hat. Durch den engen Kontakt mit Menschen, die ganz andere Lebensentwürfe und teilweise wenig geradlinige Biografien hatten, hat sich mein Horizont enorm erweitert.»

«Als gläubiger Jude habe ich eine Vereinigung gesucht, in der die Religion keine Rolle spielt, sondern es nur auf den Menschen ankommt.»

«Loge ist auch ein Ort, der Freiraum bietet, eigenes Handeln in der Diskussion wie auch in Konflikten zu prüfen und daran zu arbeiten. Die Loge ist somit sicher ein guter Ort für das, was im positiven Sinn als Sozialisation bezeichnet wird. Freimaurerei ist die Philosophie einer

humanitären Lebensweise — das ist die Kurzformel, die ich mitgenommen habe.»

«Ich habe bisher in der Freimaurerei viel Schönes erlebt und viele liebenswerte Menschen kennengelernt, die mir sonst wahrscheinlich fremd geblieben wären.»

«Mein Vater und auch mein Großvater waren beide Freimaurer, und obwohl sie nie viel erzählt haben, waren beide offensichtlich sehr damit zufrieden. Die meisten Freunde meiner Eltern waren auch Freimaurer und sie waren alle sehr nette, anständige Kerle, die für ihre Prinzipien eingestanden haben.»

«Der ‹Bund der Morgenlandfahrer›, dem Hermann Hesse sein Glasperlenspiel widmete und hinter dem einige die Freimaurer vermuteten, hatte mich neugierig gemacht; Mozarts ‹Zauberflöte› hatte mich mit der klingenden Möglichkeit einer besseren Welt begeistert; als ich dann noch in der Lokalzeitung einen Artikel über meine spätere Loge fand, stellte ich klopfenden Herzens und voll neugieriger Aufregung fest, dass die Loge kein historisches Relikt, sondern ganz gegenwärtiger Bestandteil der Gesellschaft war.»

«Faszination über die Themenvielfalt und die Art und Weise der offenen und rationalen Themenbehandlung; Hoffnung, dass sowohl intellektuelle als auch emotionale / soziale Bedürfnisse in der Bruderschaft befriedigt werden könnten; Neugier, ob die eigene Erlebnisfähig-

keit auch für neue (mystische) Erfahrungen ausreicht; große Übereinstimmung mit den humanistischen Grundauffassungen der Freimaurerei.»

«Ich suchte ein Bindeglied zwischen einer religiösen Gruppierung und dem weltlichen sozialen Leben zur Ausweitung meines Lebensweges.»

«Seit 1991 beschäftige ich mich mit fernöstlicher Philosophie. Aus verschiedenen Gründen schlief die damalige Studiengruppe ein. Mein Interesse an Weiterentwicklung blieb aber bestehen und so erinnerte ich mich daran, dass mich ein Freund einmal auf die Freimaurerei ansprach. Da ich nach meiner Aufnahme im Lehrlingsgrad die Prinzipien der fernöstlichen Philosophie fand, fühlte ich mich wieder ‹zu Hause›.»

«Ich bin in New York in die Bruderschaft aufgenommen worden. ‹Gedeckt› arbeiten zu müssen habe ich erst seit 2004 in Deutschland kennengelernt. Ein Überbleibsel der Freimaurergeschichte in Deutschland? Ich kann mir keinen Grund vorstellen, warum jemand nicht wissen darf, dass ich Freimaurer bin.»

«Weil der Inhaber der Anwaltspraxis, in der ich arbeitete, mir sagte, ich müsse in mehreren seiner Vereine Mitglied werden; die Loge sei schon das Richtige für mich. Ich erkannte, dass die Loge für meinen Beruf wenig, aber um so mehr für meine geistige Einstellung und für meine menschliche Reife ergab.»

«Seit junger Erwachsener habe ich Interesse an seriöser Esoterik und Spiritualität. Das Angebot auf diesem ‹besonderen Markt› mit zweifelhafter Reputation ist allerdings unüberschaubar und meistens nicht ganz ohne Nebenwirkungen und Fallstricke. Freimaurerei bietet mir eine ideale Mischung aus emotionaler Spiritualität und rationaler Philosophie in einem diskreten Kreis brüderlich Verbundener.»

«Ich war fasziniert von der Idee der Weltbruderkette. Als Kapitän konnte ich ein fahrendes Kettenglied sein und mich mit vielen Freimaurern in der Welt treffen und in Fragen der Toleranz und Humanität austauschen.»

«Kegelverein war mir zu laut, Feuerwehr zu rot, Golfklub zu teuer, Kirche zu alt, Schachklub zu anstrengend und Politik zu unbefriedigend. Jetzt habe ich alles zusammen.»

«Mich haben die Symbole, die Rituale und die reiche Tradition fasziniert. Auch die ‹Aura des Geheimnisvollen› hat mich angezogen. Vor allem aber die Idee einer Bruderschaft, die über den Tellerrand von Status, Alter, Konfession und politischer Überzeugung schaut.»

«Um meine von Haus aus nicht sehr tolerante Einstellung gegenüber Andersdenkenden im positiven Sinne zu ändern.»

«Diskussion, Respekt untereinander, Offenheit für Gespräche über viele Themen des Lebens haben mich auf

den Gästeabenden überzeugt. Ich fühlte mich unter Meinesgleichen, Männern, mit denen man über alles reden kann.»

«Wir brauchen junge, aktive und gesellschaftlich interessierte Brüder, die der Tradition von Freiheit, Brüderlichkeit und Gleichheit in einer echten demokratischen Gesellschaft verbunden sind und die draußen Einfluss nehmen können und wollen.»

«Im Laufe meines Lebens erschien es mir, dass die Gesellschaft, die Arbeitswelt, mein Freundeskreis und ich immer oberflächlicher wurden. Ich sehe mich als Pazifist und Humanist und wollte meiner und der allgemeinen Verrohung entgegenwirken. Ich sah, dass ich nicht alleine bin auf der Suche nach Beständigkeit, moralischen Werten und einem friedvollen Miteinander. Aber ich musste erkennen, dass auch unter Brüdern niemand das einzig gültige Rezept hat, um vor sich selbst zu bestehen. Der Aufruf zu einer winkelrechten Lebensführung bleibt daher eine ethische Stütze.»

Was Suchende erwarten

In den vergangenen Jahren habe ich mehrere Umfragen für die Großloge der Alten Freien und Angenommenen Maurer von Deutschland durchführen dürfen, aus denen unter anderem hervorgeht, welche Erwartungen ernsthafte Interessenten, die wir „Suchende" nennen, eigentlich an die Logen stellen.

«SIE SIND VON FINSTERNIS UMGEBEN UND FÜHLEN EIN VERLANGEN, DAS LICHT ZU SEHEN.»

In den nachfolgenden Zahlen, die als Zwischenergebnis der seit Jahren weiterlaufenden Onlineumfrage entnommen wurden, werden Sie sich als Leser und Suchender möglicherweise wiedererkennen. Mehrfachnennungen waren möglich.

Der wichtigste Beweggrund für das Interesse an einem Beitritt zur Bruderschaft ist der Wunsch, die eigene Persönlichkeit zu verbessern (94 Prozent), unter anderem zu diesem Zweck möchten 81 Prozent anregende Gespräche führen, weil ihnen die Kommunikation im Allgemeinen zu oberflächlich geworden ist. 55 Prozent wünschen sich eine sinnvolle Aufgabe in der Gesellschaft, 42 Prozent sind auf der Suche nach dem Sinn des Lebens und 31 Prozent erwarten, dass sie in der Loge Freunde finden.

Die Suchenden erwarten darüber hinaus humanitäres und karitatives Engagement, Einsatz für gesellschaftliche Verbesserungen und, bemerkenswert, auch die den Freimaurern nachgesagte Diskretion.

Was Logen bieten und was nicht

Im eigentlichen Sinne haben Logen kein explizites Angebot, bestenfalls verfolgen sie auf der Basis ihrer Rituale eine bestimmte Methodik, die entsprechende Lernprozesse ermöglicht. Dazu muss sich allerdings jeder selbst bemühen, wer das nicht tut, wird das Potenzial der Freimaurerei nicht ausschöpfen und in der Loge bestenfalls einen Klub der Geselligkeit finden. Manchen reicht das, aber den Wenigsten ist das genug.

«LERNEN SIE, SICH ÜBER DAS UNABWENDBARE ZU ERHEBEN. BEWAHREN SIE SICH AUCH IN DEN STÜRMEN DES LEBENS DIE FREIHEIT UND UNABHÄNGIGKEIT IHRES GEISTES.»

Sie werden vielleicht erstaunt sein, dass sich unter diesem Kapitel, das doch nun eigentlich sehr umfangreich und etwas werbewirksam sein müsste, nur drei Unterpunkte finden. Dabei hatte ich doch eingangs geschrieben, dass dieses Buch «ein Plädoyer für die Mitgliedschaft in einer Freimaurerloge» sein soll. Richtig: ein Plädoyer, keine Werbeschrift.

Eine Loge ist kein Unterhaltungszweck, bei dem Sie schauen können, was Ihnen geboten wird und ob dies in Relation zu Ihrem Mitgliedsbeitrag steht. Was die Loge Ihnen bieten *kann*, finden Sie ausführlich in dem Kapitel «Gründe für die Mitgliedschaft» auf Seite 51. Die Angebote, die sie dort *suchen*, können Sie *finden*, sofern sie auch selbst dazu beitragen. Nicht jede Loge bietet alles. Es liegt an Ihnen.

Im vorhergehenden Kapitel konnten Sie nachlesen, was Suchende sich laut Umfrage wünschen, was sie erwarten. Es ist erstaunlich deckungsgleich mit dem, was eine Loge zu bieten hat.

Drei Dinge allerdings, die nach meiner Einschätzung in dieser Kombination nur eine Freimaurerloge anbieten kann und auf die Sie keinen Einfluss haben, möchte ich doch kurz erläutern.

Rituale

Die Freimaurerei ist der einzig noch bestehende große und weltumspannende Mysterienbund, dem man nicht einfach beitreten kann. Das gesamte Gefüge, das Funktionieren einer Loge basiert auf den besonderen Werten und Inhalten, der besonderen Atmosphäre und Stimmung, die nur ein Ritual erzeugen kann und die nachhaltig auf die anderen Veranstaltungen der Loge sowie auf das Leben der einzelnen Brüder wirken. Das Ritual ist nicht alleiniger Faktor, aber doch der zentrale Schlüssel für das Funktionieren.

Bruderschaft

Das Wertvollste, das Ihnen eine Loge bieten kann, sind selbstverständlich die Brüder. «Verschworene Brüder», die mit Ihnen durch Geheimnisse des Ritualerlebens und durch ein gegenseitiges Gelöbnis auf besondere Weise verbunden sind. Nicht umsonst wird der Meister vom Stuhl in den internen Instruktionen unserer Großloge darauf hingewiesen, «*[...] sich stets der Verantwortung bewusst zu sein, dass ihm etwas ungeheuer Bedeutsames anvertraut wurde: Brüder, Eingeweihte.*»

Mit der Aufnahme in einer Loge sind sie nicht nur Mitglied dieses örtlichen Bundes mit zwanzig, fünfzig oder hundert Mitgliedern. In diesem Augenblick sind sie Mitglied der Weltbruderkette mit und haben Zugang zu allen regulären Logen dieser Welt.

Vielleicht wird Ihnen vor diesem Hintergrund bewusst, warum die Logen so viel Sorgfalt auf die Aufnahme neuer Mitglieder verwenden müssen. Sie sind nicht nur gegeüber ihrer Bruderschaft, sondern auch den anderen Logen weltweit in der Verantwortung.

Selbstwirksamkeit

Das Konzept der «Selbstwirksamkeit» wurde in den 1970-er Jahren von dem Psychologen Albert Bandura entwickelt – für die Freimaurerei ein «alter Hut». Sehr verkürzt dargestellt bezieht sich Selbstwirksamkeit zunächst einmal auf die Überzeugung, Probleme aus eigener Erkenntnis und Motivation mit eigenen Mitteln in den Griff zu bekommen. Bandura nennt vier Quellen, die die Selbstwirksamkeit erzeugen und befördern: eigene Erfolgserlebnisse, stellvertretende Erfahrung, verbale Ermutigung, emotionale Erregung. Der Selbstwirksamkeit schreibt man zu, dass es den betroffenen Menschen psychisch und physisch besser geht, sie über mehr Ressourcen verfügen und eher geneigt sich, sich für eigene und Belange anderer einzusetzen.

Das gezielte Erreichen und dauerhafte Erhalten der Selbstwirksamkeit ist ein schwieriger Prozess, insbesondere für Menschen, die diese Begabung nicht mitbringen oder sich in schwierigen Situationen befinden. In der Freimaurerei, insbesondere beginnend mit dem Ritual und begleitet durch die Bruderschaft, ist dies ein kontinuierlich ablaufender methodischer Prozess.

Dies erklärt auch den Erfolg, den die Freimaurerei von alters her immer wieder damit hatte, nicht die Gesellschaft oder die Umstände ändern zu wollen, sondern nur den einzelnen Menschen, und zwar durch eigenes Verstehen. Vieles andere ergab sich in Folge.

Rituale und Zeremonien

«Die Generierung eines freimaurerischen Habitus vollzieht sich als spezifischer Zeichenprozess am Körper, ist aber zunächst mit dem durch das rituelle Erlebnis gesetzte Engramm[49] als Beginn eines lebenslangen, individuellen Lernprozesses entlang von Bildern und Metaphern, deren Bedeutung sich der Neophyt nach und nach selbst erschließen soll.»[50]

> «SEINE BEGRIFFE UND VORSTELLUNGEN VON DER BRUDERSCHAFT SIND EINES DENKENDEN MANNES WÜRDIG.»

Die freimaurerischen Rituale sind Wechselgespräche, die der Vermittlung der freimaurerischen Inhalte dienen und Raum für Kontemplation und geistige Anregung. Sie bieten wertneutral Elemente an, die spirituelle, esoterische, mystische oder religiöse Inhalte haben, die der anwesende Bruder neben der Sprache der Symbolwelt in seine Überlegungen einbeziehen kann

---

[49] Allgemeine Bezeichnung für eine physiologische Spur, die eine Reizeinwirkung als dauernde strukturelle Änderung im Gehirn hinterlässt. Die Gesamtheit aller Engramme – es sind Milliarden – ergibt das Gedächtnis. (Wikipedia)
[50] Kristiane Hasselmann, „Die Rituale der Freimaurer", S. 26

oder nicht. Die Rituale berühren sowohl die Vernunft als auch die Emotion.

Das Ritual ist «*die spielerische Voraussetzung für die sozialintegrative Aufgabe der Logen, innerhalb deren in spielerischer Form eine neue Gesellschaft erprobt werden konnte.*»[51]

Die Rituale im Ganzen sowie Erkennungszeichen unterliegen der sogenannten Arkandisziplin. Das bedeutet, ein Freimaurer darf niemandem die vollständigen Rituale oder größere Passagen mitteilen, den er nicht sicher als einen Freimaurer erkannt hat.

Auch den Gästen gegenüber, selbst wenn ihre Aufnahme abzusehen ist, wird über die Rituale bestenfalls in Andeutungen gesprochen. Ein «Suchender» muss also schon vor seiner Aufnahme unbedingtes Vertrauen in die Freimaurerei und in die Bruderschaft entwickeln. Er weiß nicht, was mit der Initiationshandlung auf ihn zukommt.

Für fast alle bleibt die Aufnahme ein unvergessliches und sehr angenehmes Erlebnis, an deren Details sich ein Freimaurer manchmal auch nach Jahrzehnten noch erinnern kann.

---

[51] Aus einem Vortrag von Prof. Dieter A. Binder mit dem Thema «Freimaurerei oder Erziehung zum Gentleman»

Frauen und Freimaurerei

«*Ich möchte Ihnen versichern, dass ich, trotz meiner Auffassung, Einstellung und auch Arbeit als Feministin, mich in keiner Weise brüskiert oder ausgeschlossen fühle. Was verbindend wirkt, ist offenbar gelebte Humanität.*»[52] Diese Aussage zeugt von einer erfreulichen Toleranz.

> «ES IST EIN ERHEBENDER GEDANKE, AUF DER GANZEN ERDE FREUNDE ZU HABEN UND MIT IHNEN IM GLEICHEN STREBEN VERBUNDEN ZU SEIN.»

Auf meinen zahlreichen Vorträgen über die Freimaurerei in Volkshochschulen, Gymnasien, Serviceklubs oder vor anderen Gruppen war natürlich die Frage, warum im Prinzip nur Männer aufgenommen werden, gern ein Thema. Üblicherweise wurde nach einigen Erklärungen viel Verständnis entgegengebracht.

Nur hin und wieder gab es intolerante Haltungen von einzelnen Frauen dazu. Dabei gibt es eine Unzahl von Organisationen, die den Männern verwehrt sind, ganz abgesehen von Gruppierungen, die aus in der Re-

---

[52] Umfrage der Großloge A.F.u.A.M.v.D. 2012 / 2013

gel nachvollziehbaren Gründen auch unter sich bleiben wollen.

Frauenlogen

Seit Beginn der Achtziger Jahre gibt es Logen nur für Frauen[53], die zwischenzeitlich in vielen Städten Deutschlands vertreten sind. Sie sind im Dialog mit den Männerlogen, haben ihre Logen oftmals in den gleichen Häusern, es gibt auch gemeinsame Veranstaltungen. Die eigentliche freimaurerische Arbeit, die Zusammenkünfte und Rituale laufen jedoch bewusst und beiderseits so gewollt getrennt ab.

Gemischte Logen

In Deutschland gibt es nur sehr wenige gemischte Logen, die kein einheitliches Bild abgeben und zu denen daher an dieser Stelle nichts weiter gesagt werden kann. In den gemischten Logen arbeiten Frauen und Männer gemeinsam.

Haltung der Partner(innen)

Für die Partnerinnen ist die Entscheidung ihres Mannes, einer Loge beizutreten, nicht immer einfach: Sie wissen nicht genau, was dort geschieht, sind, zumin-

---

[53] Kontakt über die Internetseite www.freimaurerinnen.de

dest von den normalen Logenabenden, ausgeschlossen und müssen damit zurecht kommen, dass die Männer weniger verfügbare Zeit haben. Noch schlimmer: der Mann hat angesichts seines Gelöbnisses plötzlich «Geheimnisse», da er über das Ritual und Logeninterna nicht sprechen darf.

Das zerstreut sich nach einiger Zeit und sie nehmen wohlwollend zur Kenntnis, dass der Mann zufriedener und ausgeglichener wird.

Es gibt eine nette Schrift von Adelheid Müller-Berg[54] zum Thema, die in kurzer Form einige Aufschlüsse für die Frauen gibt.

So schreibt sie im Vorwort: «*Es ist alles viel einfacher und klarer als die mit Vorurteilen beladenen Fragen es vermuten lassen. Deshalb gebe ich Ihnen hier einige authentische Antworten auf die Fragen, die Sie vielleicht bewegen. Mein Mann ist seit vielen Jahren Freimaurer und durch ihn habe ich Einblick in das Wesen der Freimaurerei gewonnen. Und ich kenne meinen Mann und habe inzwischen gelernt, welchen Sinn und welchen Vorteil seine Loge auch für unsere Ehe bedeutet.*»

Und weiter: «*Zuerst habe ich verstanden, dass eine Loge eine Hort ist, in dem unsere Männer den wohl einzi-*

---

[54] Adelheid Müller-Berg, „Mein Mann möchte Freimaurer werden", Selbstverlag A.+M. Müller-Berg, Postfach 100409, 51404 Bergisch-Gladbach

gen Ort finden, an dem sie nicht, wie sonst im Alltagsleben, sich gegenseitig mit irgendetwas übertreffen müssen. [...] In der Loge scheinen die Unterschiede von Mann zu Mann keine Rolle mehr zu spielen. Dort stellen sich alle Mitglieder ‹auf die Winkelwaage› als geistiges Symbol für die gleiche Ebene. Und das sagen sie nicht nur, das leben sie auch.»

Wie Sie Freimaurer werden

Um es ganz genau zu nehmen: Wir sprechen im eigentlichen Sinne davon, wie Sie Mitglied einer Freimaurerloge werden. Ob es Ihnen gelingt, wirklich ein Freimaurer nach unseren Wertvorstellungen zu werden – oder ob Sie es gar schon sind: der «Freimaurer ohne Schurz» – das ist eine ganz andere Frage.

> «DER DRUCK UNSERER HÄNDE SAGT IHNEN, DASS WIR TREU ZU IHNEN STEHEN WERDEN, SOLANGE WAHRHEIT, RECHT UND BRUDERLIEBE IHNEN HEILIG SIND.»

Bitte erwarten Sie keine detaillierte Handlungsanweisung. Hier werden keine Tricks gehandelt, wie man sich den Zutritt erschleichen kann. Sie sollen nur wissen, wie die generellen Abläufe sind.

An dieser Stelle wird der Weg beschrieben, wie ihn im Großen und Ganzen die meisten Logen beschreiten. Aber es gibt zum Teil erhebliche Abweichungen. Einige wenige Logen machen keine Gästeabende, einige haben einen Aufnahmeausschuss, andere nur Gästetreffen außerhalb der Loge. Insofern kann Ihr Weg anders sein als hier beschrieben, aber die Brüder werden Sie wohlwollend begleiten.

Informieren Sie sich

Sie sind schon dabei, sonst würden Sie nicht in diesem Buch lesen. Aber es gibt selbstverständlich weitere Quellen, so beispielsweise die Internetseiten der «Großloge der Alten Freien und Angenommenen Maurer von Deutschland» unter www.freimaurerei.de. Dort steht Ihnen auch eine Übersicht über alle Mitgliedslogen zur Verfügung.

Wenn Sie sich über die anderen Systeme in Deutschland informieren möchten, besuchen Sie die Seite www.freimaurer.org der «Vereinigten Großlogen von Deutschland».

Bücher gibt es reichlich. Ob ich Ihnen aus dem übervollen Angebot etwas empfehlen soll, weiß ich, offen gestanden, gar nicht. Nicht, dass ich die Qualität anderer Werke bewerten möchte. Nur eine Bemerkung sollten Sie mir gestatten: Freimaurerei befindet sich, wie die ganze Gesellschaft, zurzeit wieder einmal in einem Umbruch. Die meisten Bücher sind noch in der Vergangenheit der Bruderschaft verhaftet, viele werden Ihnen zum jetzigen Zeitpunkt nichts sagen.

Ich glaube: wenn Sie dieses Buch gelesen haben, haben Sie – zunächst einmal – das notwendige Rüstzeug. Sie sollten sich nicht theoretisch überfrachten, sondern sich an eine Loge wenden und dort um weitere

Informationen, Gespräche, Einladungen zu öffentlichen Veranstaltungen oder Gästeabenden bitten.

Kontakt zu einer Loge aufnehmen

Wenn Sie, was ich hoffe und wünsche, nun immer noch – oder jetzt erst recht – Freimaurer werden möchten, wird es nun Zeit, Kontakt zu einer Loge aufzunehmen. Sie werden vermutlich mit einem freundlichen Herrn ein nettes Gespräch führen, nach dem sich alles Weitere finden wird.

Wie bereits beschrieben, empfehle ich Ihnen auf der Website www.freimaurerei.de die Verwendung der Logensuche. Hier finden Sie die humanistischen Logen rund um Ihren Wohnort und die Kontaktinformationen. Schreiben Sie eine Mail an die Loge, machen Sie ein paar Angaben zu Ihrer Person und schildern Sie kurz Ihre Wünsche und Vorstellungen. Oder, noch besser: wenn eine Telefonnummer angegeben wurde, rufen Sie an.

Bitte bedenken Sie: Logenämter sind Ehrenämter und die meisten Brüder haben ausfüllende Berufe. Es kann daher gut sein, dass Sie nicht auf Anhieb jemanden erreichen oder es etwas dauert, bis Ihre Anfrage beantwortet wird. Bleiben Sie geduldig und beharrlich. Möglicherweise sind die Kontaktdaten auf der Logenseite veraltet. Wenn Sie gar keine Rückmeldung erhalten, können Sie sich auch an die Kanzlei der Großloge in Berlin[55] wenden, die Ihnen gerne weiterhilft.

Ehrlichkeit und Wahrhaftigkeit

Ausreichend schauspielerisches Talent vorausgesetzt, könnten Sie sich vielleicht den Weg in eine Freimaurerloge erschleichen. Oder sie könnten derart von dem Wunsch der Mitgliedschaft beseelt sein, dass Sie sich entsprechend opportunistisch verhalten und die Loge vor Ort blenden. Auch wenn die Meister vom Stuhl und ihre Beamten genügend Lebenserfahrung haben, um das zu erkennen: es könnte gelingen.

Es würde Ihnen sicher nicht mehr passieren, dass Sie «*mit Verachtung und beißendem Spott*»[56] behandelt werden, wie es die «Alten Pflichten» 1723 vorgeschlagen haben, aber sie würden Unfrieden in die Bruderschaft bringen und «*statt guter Freunde unbequeme Mahner*» finden, wie unser Aufnahmeritual noch heute den Kandidaten warnt.

Wozu sollten Sie das tun? Der Aufwand ist relativ hoch, die Kosten auch. Möchten Sie dann feststellen, dass Sie in eine Organisation aufgenommen wurden,

---

[55] Die Adresse finden Sie ebenfalls auf der Website der Großloge unter www.freimaurerei.de
[56] «Die Alten Pflichten», Teilstück VI, «Vom Betragen gegenüber einem unbekannten Bruder»

die nichts für Sie ist? Möchten Sie auf diese Weise sich selbst das Leben schwer machen?

Sie interessieren sich schließlich aus ernsthaften Gründen für die Loge: um sich selbst und das Leben besser zu verstehen, ein besserer Mensch zu werden, beispielsweise. Und das möchten Sie sicher in einer Gruppe tun, die sie akzeptiert, wie Sie sind, und nicht, wie Sie sich geben. Denn auch die Verstellung des Alltagslebens wollen Sie doch ablegen.

Daher: seien Sie authentisch, seien Sie offen. Sagen Sie, was Sie denken und fühlen, was Sie sich wünschen und was Sie erwarten. Die Brüder werden Ihnen geduldig zuhören und Ihnen sagen, ob Sie damit in ihrer Loge richtig liegen oder welche Vorstellung Sie überdenken müssen..

Noch während der Aufnahmehandlung werden Sie aufgefordert, die Loge zu verlassen, sofern Sie nicht «*ernstlich die Wahrheit*» und «*mit der Kraft der Sehnsucht*» nach menschlicher Vollendung suchen.

Möglicherweise stellen beide Seiten rechtzeitig fest, dass die Freimaurerei nichts für Sie ist. Oder aber nur diese Loge nicht – vielleicht wegen der Altersstruktur, der augenblicklichen Zusammensetzung oder aus anderen Gründen. Es kommt auch vor, dass eine Loge zu viele Kandidaten, mithin eine Warteliste hat oder zahlreiche Aufnahmen in Folge hatte und die jungen Brüder erst einmal integrieren muss, und Ihnen daher keine Aussichten machen kann. In solchen Fällen wird man Ihnen behilflich sein, eine andere Loge für Sie zu finden.

Oder aber alles ist gut und Sie werden von Beginn an auf Ihrem Weg begleitet und können schon die Gästeabende zunehmend so erleben, als gehörten Sie bereits ein bisschen dazu. Mal abgesehen von dem einen oder anderen Geheimnis, Rechten und Pflichten.

Wer kann Freimaurer werden?

«Die Freimaurer nehmen in ihre Bruderschaft ohne Ansehen des religiösen Bekenntnisses, der Rasse, der Staatsangehörigkeit, der politischen Überzeugung und des Standes freie Männer von gutem Ruf als ordentliche Mitglieder auf, wenn sie sich verpflichten, für die Ziele der Freimaurerei an sich selbst zu arbeiten und in den Gemeinschaften, in denen sie leben, zu wirken.»[57]

Immer wieder wird die Frage gestellt, in welchem Sinne «freier Mann» zu verstehen sei. Früher verstand man darunter jemanden, der frei über sich selbst verfügen konnte, nicht zu einer Arbeit zur Sicherung seines Einkommens verpflichtet war. Heute ist die Defini-

---

[57] Verfassung der Großloge der Alten Freien und Angenommenen Maurer von Deutschland, «Die freimaurerischen Grundsätze», Artikel 4

tion von Prof. Martin Seel aus meiner Sicht zutreffend: *«Frei zu sein bedeutet, frei von inneren wie äußeren Beschränkungen zu sein, die einen zur Preisgabe der Selbstachtung zwingen.»*[58]

Der «gute Ruf» bezieht sich nicht nur darauf, keine Vorstrafen zu haben, sondern auch darauf, dass man in seinem Umfeld als ein angenehmer Mensch gilt, der schon die Voraussetzungen für die Mitgliedschaft mitbringt. Es gibt den alten Satz, dass die Freimaurerei dazu da sei, «gute Männer besser zu machen»:

Eine gute Loge achtet ganz bewusst auf die gute Mischung aus allen Schichten und Berufen. Sie legt mehr Wert darauf, dass die Mitglieder «Herzensbildung» haben, dass sie guten Willens sind, tätig, kreativ, voller Tatendrang, ihre Karriere noch vor sich haben, mittendrin oder hinter sich und voller Erfahrung sind. Eine Loge voller Vielfalt ist ein Gewinn für alle Mitglieder, jeder kann etwas lernen, die verschiedensten Eindrücke sammeln, sich entwickeln.

Wichtig ist, dass der Interessent die geistigen Anforderungen erfüllt, um die Inhalte der Freimaurerei erfassen zu können, dass er genügend Zeit aufbringen kann und will und dass er sich voller Vertrauen auf die Rituale und die Bruderschaft einlassen kann.

---

[58] Prof. Martin Seel, DIE ZEIT PHILOSOPHIE 2013, Seite 9

Was ist eine gute Loge?

Logen sind sich zwar in ihren humanistischen Zielen einig, aber die Form der Umsetzung kann sehr unterschiedlich sein. Das hängt mit der Historie einer Loge zusammen, mit ihrer aktuellen Zusammensetzung und kann sich mit jeder Aufnahme verändern. Ob eine Loge generell oder individuell «gut» oder «schlecht» ist, kann nicht ohne Weiteres beantwortet werden. Es gibt, wie in allen Gruppen, prosperierende Logen und es gibt Logen mit inneren Problemen. Vielleicht suchen Sie eine aktive Gemeinschaft, die sich sehr praktisch für die Umsetzung humanistischer Ziele einsetzt, vielleicht liegt Ihnen mehr der philosophische Zirkel oder Ihnen ist vorwiegend an Geselligkeit mit humanistischem Hintergrund gelegen? Darum ist das individuelle Stimmungsbild der Gästeabende so wichtig für beide Seiten.

Nehmen Sie nicht die «erstbeste» Loge und nicht aus Gründen der Bequemlichkeit die nächstgelegene. Es kann sich lohnen, auch einen Umweg in Kauf zu nehmen, um schneller ans Ziel zu gelangen.

Die Gästeabende

In den meisten Logen ist es üblich, dass mit Ihnen ein Vorgespräch geführt wird und, wenn alles gut läuft, anschließend eine Einladung zum Gästeabend ausgesprochen wird.

Die Gästeabende finden meistens monatlich statt und bedürfen einer formellen Einladung. Üblicherweise gibt es einen Impulsvortrag zu einem bei solchen Abenden meistens freimaurerischen Thema, danach wird einige Zeit diskutiert und Sie können Ihre Fragen in dieser Runde stellen und besprechen lassen. Im Anschluss gibt es ausreichend Möglichkeit für Gespräche in kleinerem Kreise und Sie sollten die Gelegenheit nutzen, bei mehreren Abenden die Gesprächspartner zu wechseln.

Ob es einen «Dresscode» gibt, können Sie nach Erhalt der ersten Einladung beim Sekretär oder dem Meister vom Stuhl erfragen. Meistens wird zu den Gästeabenden ein Straßenanzug oder andere angemessene Kleidung erwartet.

Da Logen ein sogenannter «Engbund» sind und man nicht einfach beitreten kann, dient der Gästeabend dem gegenseitigen Kennenlernen und Prüfen. Nicht nur die Brüder möchten Sie kennenlernen, um später eine Entscheidung treffen zu können. Auch Sie sollen die Bruderschaft kennenlernen und prüfen, ob die Freimaurerei im Allgemeinen oder diese Loge im Speziellen für Sie passend ist. Nutzen Sie diese Möglichkeit ausgiebig und ohne jede Hast.

Es wird erwartet, dass Sie den meistens monatlichen Einladungen regelmäßig Folge leisten und sich sowohl förmlich anmelden als auch abmelden, wenn Sie nicht kommen können. Es wird nicht gerne gesehen, wenn Sie den Gästeabenden unentschuldigt fern bleiben. Neben den Gästeabenden werden einzelne Brüder Sie eventuell zu privaten Gesprächen einladen. Das ist ein Entgegenkommen, das Sie schätzen sollten.

Wenn Sie nicht mehr eingeladen werden, besteht kein Interesse an einer Aufnahme. Nicht mehr eingeladen worden zu sein, muss kein Makel sein. Vielleicht haben Sie einfach nicht in die Gruppe gepasst. Leider geben einige wenige Logen keine Auskünfte über die Gründe. Fragen Sie im Zweifel nach, aber eine Diskussion bringt nichts, nehmen Sie die Aussage einfach wertfrei zur Kenntnis.

Sie können sich selbstverständlich an eine andere Loge wenden. Aber auch hier gilt: seien Sie ehrlich und teilen Sie auch mit, dass Sie bei bereits Gast bei einer anderen Loge waren. Es führt zu Irritationen, wenn man erst nach dem Aufnahmegesuch davon erfährt.

Wenn Sie nun selbst mit den Gästeabenden einer Loge nicht zufrieden oder sich unsicher sind, aber sich der Freimaurerei immer noch verbunden fühlen, sprechen Sie mit dem Meister vom Stuhl der Loge. Teilen Sie ihm mit, was Ihnen nicht gefällt. Er wird Ihnen behilflich sein, die Gästeabende einer anderen Logen besuchen zu dürfen.

Besuchen Sie nie zwei Logen gleichzeitig, ohne dafür besondere Gründe zu haben und ohne dies ausdrücklich mit deren Stuhlmeistern abgesprochen zu haben.

Frühestens nach einem halben Jahr regelmäßiger Besuche, eher nach einem Jahr kommt der Zeitpunkt des Aufnahmewunsches. Wenn Sie bis dahin immer wieder eingeladen wurden, sieht es gut für Sie aus. Es wird erwartet, dass Sie an den Meister vom Stuhl einen Aufnahmewunsch richten, mündlich oder schriftlich, seltener werden Sie auf eine Aufnahme gezielt angesprochen.

Hausbesuch

Die meisten Logen werden nach Ihrem ausgesprochenen Aufnahmewunsch einen Hausbesuch vereinbaren, bei dem der Partner anwesend sein soll. Der Besuch dient in erster Linie dazu, die Fragen des Partners zur Freimaurerei zu beantworten.

Kosten

Vor der Mitgliedschaft sollten einige Worte über die Kosten verloren werden. Der durchschnittliche Jahresbeitrag beträgt laut Umfrage etwas über 300 €. Bei der Aufnahme wird zudem eine einmalige Aufnahmegebühr fällig, die um die 250 € liegt. Die Beiträge können jedoch von Loge zu Loge erheblich variieren.

Hinzu kommen ggf. Kosten für die Bekleidung. Die Logen erwarten einen dunklen Anzug oder Smoking, dazu eine weiße, manchmal schwarze Fliege oder weiße Krawatte. In manchen Logen wird ein Zylinder (als Zeichen der Freiheit und Gleichheit) bei den rituellen Zusammenkünften getragen. Erkundigen Sie sich rechtzeitig über den Logenbrauch.

Bedenken Sie, dass es noch weitere Kosten gibt, beispielsweise für Ihren Verzehr im Logenhaus, für Tafellogen und Brudermahle, also gemeinsame Essen nach rituellen Zusammenkünften, für Besuche anderer Logen und für die (verdeckten) Sammlungen zu karitativen Zwecken. Fragen Sie auf den Gästeabenden.

Bürge

Für die Aufnahme und den Aufnahmeantrag benötigen Sie einen Bürgen, manche Logen verlangen auch zwei. Wenn Sie auf den Gästeabenden oder in privaten Gesprächen bereits ein besonderes Vertrauensverhältnis zu einem Bruder aufbauen konnten, können Sie ihn auf eine Bürgschaft ansprechen.

Wenn ein Logenbruder Sie in die Loge eingeführt hat, übernimmt dieser üblicherweise auch die Bürgschaft.

Andernfalls wird die Loge Ihnen den einen oder die beiden benötigten Bürgen zur Seite stellen. Ich würde Ihnen empfehlen, alle Details zum weiteren Weg in der Loge mit Ihrem Bürgen abzusprechen. Für viele Fragen rund um die Bürgschaft gibt es ein spezielles Buch von mir, das ich Ihrem zukünftigen Bürgen ans Herz legen möchte[59]. Weisen Sie ihn ruhig darauf hin.

Der Bürge begleitet Sie vom Zeitpunkt des Aufnahmeantrages, in manchen Logen auch schon früher, bis hin zur Erhebung in den Meistergrad. Er ist somit für mehrere Jahre ihr erster Ansprechpartner für alle Fragen und Probleme. Er soll sie in die Besonderheiten der Loge und der Freimaurerei einführen, Sie mit Brüdern der eigenen und anderen Logen bekanntmachen, mit Ihnen andere Logen besuchen. Es gehört auch zu seinen Aufgaben, Ihre Belange zu vertreten, sollten Sie in der Loge einmal Probleme haben.

Der Aufnahmeantrag

Zusammen mit dem Aufnahmeantrag erhalten Sie die «Mitteilung für Aufnahmesuchende»[60]. Darin heißt es unter anderem: «*Unsere Großloge vereinigt Männer,*

---

[59] Carlos Urban, «Freimaurerische Bürgschaft», erhältlich beim Autor unter www.carlos-urban.de, ISBN 9783848201969
[60] Mitteilung für Aufnahmesuchende der Großloge der Alten Freien und Angenommenen Maurer von Deutschland

die in bruderschaftlichen Formen und durch würdige rituelle Handlungen geistige Vertiefung und sittliche Festigkeit erstreben. Dazu gehören die Befreiung des Einzelnen von Vorurteil und Selbstsucht und die Förderung der aufbauenden Kräfte im Menschen.

Die Ziele der Freimaurer sind allgemeine Menschenliebe, Brüderlichkeit, Toleranz, Mildtätigkeit und Erziehung hierzu. Dies alles verstehen sie unter dem Begriff der Humanität.

In ihrem Kreise gelten allein die Zuverlässigkeit des Charakters und die Lauterkeit der Gesinnung. Unter ihren Mitgliedern wollen sie Freundschaft stiften und das Trennende überwinden.

Die Bauhütten unserer Großloge nehmen ohne Ansehen des religiösen Bekenntnisses, der Rasse, der Staatsangehörigkeit, der politischen Überzeugung und des Standes freie Männer von gutem Ruf als ordentliche Mitglieder auf.

Wir Freimaurer bekennen uns zu Glaubens-, Gewissens- und Denkfreiheit.»

Gelöbnis

Bereits mit dem Aufnahmeformular wird Ihnen der Wortlaut des Gelöbnisses[61] mitgeteilt, damit Sie sich

---

[61] Aufnahmegelöbnis der Großloge der Alten Freien und Angenommenen Maurer von Deutschland

bewusst werden, was der Freimaurerbund von Ihnen erwartet. Hier der Text:

> «Ich gelobe bei meiner Ehre und meinem Gewissen: mich der Humanität aus vollem Herzen und mit ganzer Kraft zu widmen; demgemäß meine Pflichten gegenüber meiner Familie, meiner Gemeinde, meinem Land und der Gemeinschaft aller Menschen gewissenhaft zu erfüllen; das Brauchtum der Freimaurer in Ehren zu halten, die inneren Angelegenheiten meiner Loge nicht nach außen zu tragen und verschwiegen zu bewahren, was mir ein Bruder anvertraut; den Gesetzen der Bruderschaft und dem Hammerschlag des Meisters maurerischen Gehorsam zu leisten; die Arbeit meiner Loge nach Kräften zu fördern, ihr Zeit und Arbeitskraft zu widmen und sie nie ohne gültige Ursache zu verlassen; meinen Brüdern mit Rat und Tat zur Seite zu stehen und die Zusage ‹auf Maurerwort› so gewissenhaft zu halten wie einen heiligen Eid.»

Die Aufnahme

Nachdem Sie Ihren Aufnahmeantrag abgegeben haben, wird in der Loge über Ihre Aufnahme durch alle anwesenden Mitglieder in besonderer Form abgestimmt. Ist das Ergebnis positiv, bekommen Sie nach einigen Tagen eine schriftliche Mitteilung durch den Sekretär, in der Ihnen Zeit und Ort der Aufnahme mitgeteilt werden.

Die meisten Logen verfahren so, dass Ihr Bürge Sie rechtzeitig zuhause abholt. Er bringt sie nach der Aufnahme, die üblicherweise durch eine sogenannte «Tafelloge», also ein feierliches gemeinsames Essen, abgeschlossen wird, auch wieder nach Hause und steht Ihnen noch für ein Gespräch zur Verfügung, falls Ihnen danach ist.

Aus verständlichen Gründen werden Sie an dieser Stelle nicht viel zur Aufnahmehandlung finden. Seien Sie versichert, dass es, bei aller Geheimnistuerei um die Freimaurerei, eine würdige Veranstaltung ist, die Sie Ihr Leben lang in angenehmer Erinnerung bleiben wird. Sie müssen allerdings Vertrauen in die Bruderschaft Ihrer künftigen Loge entwickelt haben, denn man wird Ihnen die Augen verbinden und Sie an einen Ort führen, den Sie vorher kaum betreten durften.

Lehrling

Ab der Aufnahme sind Sie ein sogenannter «Lehrling», das bedeutet, dass Sie sich im ersten Erkenntnisgrad befinden. Ihre Aufgabenstellung heißt «Schau in

Dich», gemeint ist, dass Sie sich ausschließlich mit dem Erkennen Ihres eigenen Ichs auseinandersetzen sollen. Sie sollen Ihre Schwächen erkennen und diese abmildern, ebenso Ihre Stärken, um diese zu verbessern. Die Inhalte des Rituals im ersten Grad, in den Sie aufgenommen werden, beschäftigen sich besonders mit diesen Aufgaben.

Sie haben als Lehrling vereinsrechtlich die gleichen Rechte und Pflichten wie Ihre Mitbrüder auch, rituell gibt es jedoch einige Unterschiede, die Ihnen gern Ihr Bürge erklären wird. Die Einschränkungen sollen Ihnen ermöglichen, sich voll auf den schwierigen Selbsterkenntnisprozess zu konzentrieren, sie sollen Ihnen aber auch die Eingliederung in das Regelwerk der Freimaurerei erleichtern.

Geselle

Nach einer gewissen Zeit, die in den Logen von sehr unterschiedlicher Dauer sein kann und auch von Ihrem Entwicklungsprozess abhängig ist, werden Sie vom Lehrling zum Gesellen befördert. Auch dies geschieht in einer speziellen Initiationshandlung, allerdings stehen Sie nicht mehr allein im Mittelpunkt; die Beförderung wird mindestens mit zwei oder mehr Lehrlingen vorgenommen. Das ist schon deshalb sinnvoll, weil der Gesellengrad die extrovertierte Seite darstellt, Ihre neue Aufgabe heißt nun «Schau um Dich». Sie sollen die im ersten Grad begonnenen Erkenntnisse in der Gemeinschaft mit anderen, umsetzen.

Auch rituell gibt es Unterschiede. Die Einschränkungen des Lehrlingsgrad sind weitgehend aufgehoben, und ab jetzt dürfen Sie nicht nur allein andere Logen besuchen, sie müssen es sogar.

Meister

Auch zum Meister wird man in einer rituellen Arbeit erhoben, diesmal wieder allein. Die Aufgabe des Meisters heißt «Schau über Dich» und bezieht sich auf das Verhältnis des Menschen zu «höheren Dingen». Mit dem Meistergrad geht der Bruder eigenständig seinen Weg in der Loge, die Arbeit seines Bürgen ist beendet, er hat nun alle Rechte und darf als Logenbeamter rituelle Aufgaben übernehmen.

Schwellenangst

Obwohl viele Suchende weit bessere Informationsmöglichkeiten haben als noch vor zehn oder zwanzig Jahren, ist die Schwellenangst laut unserer Umfrage erstaunlich hoch. Früher wurde man in der Regel von einem Freimaurer angesprochen, heute werden viele Menschen von sich aktiv — bis zu dem Moment zur Kontaktaufnahme.

Machen Sie sich keine Sorgen: Freimaurer «beißen» nicht, wirklich nicht. Im Allgemeinen sind es sogar sehr freundliche und verständnisvolle Menschen. Scheuen Sie sich also nicht, eine Loge in Ihrer Nähe zu besuchen. Rufen Sie an, schicken Sie einen Brief oder Mail und vereinbaren Sie ein Gespräch. Alles Weitere wird sich finden und Sie werden, so oder so, um eine Erfahrung reicher sein. Und auch das ergab unsere Umfrage: 75 Prozent hat der erste Kontakt geholfen und 80 Prozent empfanden ihn als angenehm. An den verbleibenden 20 Prozent arbeiten wir noch.

Der Zeitaufwand

Es wird erwartet, dass man so oft wie möglich an den Zusammenkünften teilnimmt. Die unbestrittene Reihenfolge für die Zeitplanung ist: zuerst die Familie, dann der Beruf und an dritter Stelle die Loge. Wenn man sich vor Augen hält, dass eine Loge ein Freundschaftsbund sein will, ist eine möglichst häufige Anwesenheit notwendig.

Allerdings hat die Freimaurerei keine Präsenzpflicht. Man kann sich über einen längeren Zeitraum abmelden, die Loge sollte aber stets über die aktuelle Situation informiert sein. Man muss sich aber klar darüber sein, dass die Bindung an die Loge dadurch schwächer werden kann. Wer sich noch in der Phase der ersten beiden Grade befindet muss akzeptieren, dass die Zeiten bis zur Beförderung zum Gesellen oder Erhebung zum Meister sich entsprechend verlängern können.

Häufig haben Interessenten zunächst Bedenken, was die zeitliche Verfügbarkeit betrifft. Aus meiner Erfahrung kann ich jedoch sagen, dass in einer guten Loge die Brüder nach einiger Zeit so gerne in die Loge kommen, dass sie ihre Prioritäten entsprechend verändern und der Besuch nicht als Verpflichtung, sondern als angenehme Abwechslung, Erholung und Anregung empfunden wird.

Austritt und Wechsel

Der Beitritt zu einer Loge soll als ein Lebensbund betrachtet werden, was bei der Aufnahme durch den Teil des Gelöbnisses bekräftigt wird, dass man die Loge «nie ohne gültige Ursache» verlassen werde.

Es kommt durchaus vor, dass sich die Lebensumstände oder die Einstellungen eines Bruders derart ändern, dass ihm eine Logenmitgliedschaft nicht weiter möglich ist.

Manchmal gibt es – leider – in der eigenen Loge Streit oder persönliche Differenzen, die einem die Freude an der Loge verderben und sich auch ungünstig auf das Logenleben auswirken. In solchen Fällen kann ein Austritt unausweichlich sein, aber auch der Wechsel zu einer anderen Loge.

Nach einem vorübergehenden oder dauernden Umzug kann jeder Freimaurer eine Loge an seinem neuen Wohnort besuchen. Man kann Mitglied in seiner ursprünglichen Loge, der «Mutterloge», bleiben und die örtliche Loge dauerhaft besuchen, man kann aber auch wechseln. Gern gesehen wird es, wenn man in beiden Logen Mitglied wird, eine sogenannte Doppelmitgliedschaft erwirbt. Dabei gibt es üblicherweise passende Beitragsregelungen.

Und nun?

Wenn Sie bis hierhin gelesen haben, darf ich davon ausgehen, dass Sie sich ernsthaft mit dem Gedanken tragen, einer Loge beizutreten. Ich möchte Sie ermuntern, nun auch die weiteren Schritte zu tun und sich mit einer Loge in Verbindung zu setzen.

Es gibt keine Garantie, dass Sie Aufnahme finden, aber schon der Prozess ist spannend und wird Ihnen eine ganze Reihe von Erkenntnissen über sich selbst bringen, viele gute Gespräche und Bekanntschaften. Seien Sie geduldig, es ist kein Wettlauf, sondern ein Weg zu Ihrer persönlichen Entwicklung. Und ich mache Ihnen gerne Hoffnung: Wenn Sie diesen Weg ernsthaft und fröhlich gleichermaßen gehen, stehen Ihre Chancen für eine Aufnahme nicht schlecht.

> «SIE HABEN ERFAHREN, DASS EINE BRÜDERLICHE GEMEINSCHAFT NUR BESTEHEN KANN, WENN BRÜDERLICHE WAHLVERWANDTSCHAFT SIE ZU ARBEIT VERBINDET»

Auf meinem Wege habe ich zahllose beeindruckende Bekanntschaften machen dürfen, die mich menschlich geprägt haben. Ich durfte und darf Freundschaften erleben und beobachten, erfahre und begleite viele gute Prozesse und Vorgänge unter Menschen, die ich nicht für möglich gehalten hätte. Für mich hat sich der Traum einer Gemeinschaft erfüllt, die zum «Bessersein» erzieht, ohne den Mitgliedern Vorschriften zu machen und ohne sie einzuengen.

Glücklicherweise nur selten bin ich enttäuscht worden. Diese teilweise boshaften Erfahrungen stehen aber in keinem Verhältnis zu den vielen großartigen Begegnungen. Aber Sie sollten wissen, dass eine Loge keine Insel der Glückseligen ist, sondern sich die Wehrhaftigkeit gegen schlechte Leute bewahren muss.

Darum sollen auch nur gute Leute Freimaurer werden. Und wie! Ich hoffe, Sie gehören dazu und beweisen die notwendige Geduld und Standhaftigkeit. Ich würde mich freuen, wenn wir uns irgendwo und irgendwann «auf gleicher Ebene» begegnen.

Wenn Sie Fragen haben, würde ich mich über einen Besuch meiner Website www.carlos-urban.de freuen. Sie können mir dort eine Mail senden oder Ihre Fragen im Forum stellen, mit mir und vielleicht anderen Interessenten und Freimaurern diskutieren.